Vente à Paris

LE MERCREDI 20 MAI 1914

Hôtel DROUOT, Salle n° 8, au 1er étage

COLLECTION CLAUDIUS CÔTE

DÉCORATIONS

Croix. — Médailles. — Plaques

Médailles d'Honneur et de Sauvetage

Récompenses officielles

Insignes

PRIX DU CATALOGUE AVEC 16 PLANCHES

5 FRANCS

Commissaires-Priseurs

Mᵉ Jules Huguet,
Rue Pasquier, 4.

Mᵉ André DESVOUGES,
Sᵣ de Mᵉ Maurice Delestre
20, Rue de la Grange-Batelière

Expert

M. Clément PLATT,
21, Quai Malaquais.

PARIS

MONNAIES — MÉDAILLES

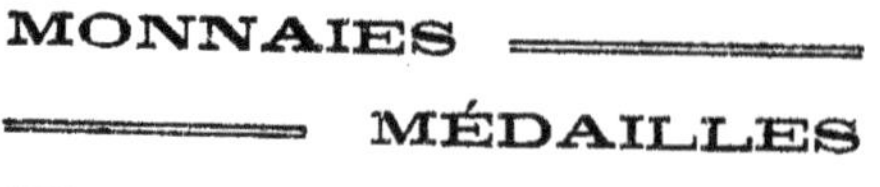

CLÉMENT PLATT

21, Quai Malaquais, 21
PARIS

Achat au comptant, aux plus hauts prix, de Monnaies, Médailles, Jetons et Décorations.

Ventes publiques ou à l'amiable de Monnaies, Médailles, Jetons et Décorations.

Catalogues à prix marqués.

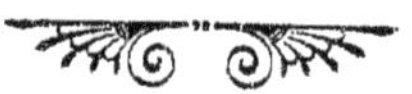

IMPRIMERIE G. FORESTIÉ
RUE DE LA RÉPUBLIQUE, 23
— — MONTAUBAN — —

Collection CLAUDIUS COTE
Amateur à Lyon

DÉCORATIONS

Croix. Médailles. Plaques. Médailles d'Honneur et de Sauvetage. Récompenses officielles
Insignes

VENTE AUX ENCHÈRES PUBLIQUES

A PARIS, HÔTEL DES COMMISSAIRES-PRISEURS, RUE DROUOT, 9

SALLE N° 8, AU PREMIER ÉTAGE

Le MERCREDI 20 MAI 1914

A DEUX HEURES PRÉCISES

EXPOSITION PUBLIQUE UNE DEMI-HEURE AVANT LA VENTE

<table>
<tr><td colspan="2">Commissaires-Priseurs</td><td>Expert</td></tr>
<tr><td>Me Jules Huguet,
Rue Pasquier, 4.</td><td>Me André DESVOUGES,
Sr de M. Maurice Delestre
26, Rue de la Grange-Batelière</td><td>M. Clément PLATT,
21, Quai Malaquais.</td></tr>
</table>

PARIS

Conditions de la Vente

La vente aura lieu au comptant.

Les acquéreurs paieront dix pour cent en sus des enchères.

Les pièces seront exposées une demi-heure avant la vente ; les acquéreurs pourront ainsi juger de leur. état. Aucune réclamation ne sera admise une fois l'adjudication prononcée ;

M. Clément PLATT exécutera les commissions que MM. les Amateurs voudront bien lui confier, aux conditions habituelles (5 o/o sur la limite);

L'expert peut suivre ou modifier l'ordre du catalogue, et réunir ou diviser les numéros.

La conservation des pièces a été indiquée sévèrement **B** = beau ; **TB** · très beau ; **FDC** = fleur de coin.

EXPOSITION

Publique . A l'HOTEL DROUOT, salle n° 8, une demi-heure avant la vente.

DÉCORATIONS

Croix, médailles, plaques.

Tous les insignes et décorations, sauf indication sont à bélière.
Toutes les pièces sont en très bel état de conservation.
Pour les médailles d'honneur les noms des titulaires sont, sauf description autre, frappés en relief et non gravés en creux, et toutes avec ruban.

SAINT-MICHEL

1. **Ordre de St-Michel.** — Croix en or à 4 branches émaillées de blanc et portant à l'intérieur des flammes vertes sur fond or ; fleurs de lys entre les branches. Au centre, dans des médaillons ovales, à l'avers et au revers, saint Michel terrassant le dragon, en or découpé et émaillé sur fond bruni. Ancien régime. Or 23$^{m/m}$. Ruban *Très rare.*

SAINT-ESPRIT

2. **Ordre du St-Esprit.** — Plaque de chevalier brodée, 135$^{m/m}$, en fils d'argent. Croix cantonnée de 4 fleurs de lis, au centre la colombe. Type de la Création. (Epoque de Henri III). Extrêmement rare.

3. — Plaque en broderie à paillettes d'argent aux mêmes types. XVIIIe siècle. 100$^{m/m}$. *Très belle et très rare.*

4. — Croix de l'Ordre du St-Esprit en or 52$^{m/m}$. Croix de très grand module émaillée blanc et vert, cantonnée de 4 fleurs de lis. Au centre la colombe en émail blanc ; au revers médaillon central. St Michel terrassant le démon. Superbe exemplaire de la plus grande rareté. Ruban.

5. **Costume de l'Ordre du St-Esprit.** Parties brodées du manteau d'apparat comprenant les deux pans et le col brodés sur soie verte de fleurs de lis et de lettres H couronnées en or fin, for-

mant très riche bordure, sur fond de flammes en paillettes rouges et or. Gilet brodé en soie verte, aux mêmes types, même fond. Très bel ensemble, parfaitement bien conservé et *très rare*.

ORDRE DE NOTRE-DAME DU MONT-CARMEL ET DES SAINTS MAURICE ET LAZARE

6. — Croix en or 30^{m}/^{m} émaillée blanc et vert, cantonnée de 4 fleurs de lis; médaillon central. Le Christ ressuscitant St Lazare, autour la devise: ATAVIS. E. ARMIS. Au revers, la croix émaillée blanc et rouge; médaillon central la Vierge. La croix, sans boules aux pointes. Type de l'Ancien Régime. Ruban. *Très belle pièce de la plus grande rareté.*

7. **Ordre des St Maurice et Lazare.** — Croix en or émaillé blanc, posée sur une croix d'émail vert; le tout surmonté d'une couronne et d'un trophée. Or 11^{m}/^{m} × 20^{m}/^{m} (dimensions prises jusqu'au trophée). *TB.*

ORDRE DE SAINT-LOUIS

8. **Ordre de St-Louis.** — Croix de chevalier en or émaillé de l'époque de Louis XIV, à 4 branches doubles émaillées blanc, cantonnées de fleur de lys. Au centre, saint Louis revêtu d'une armure d'or, les épaules recouvertes du manteau royal et portant dans une main la couronne d'épine, dans l'autre une couronne de laurier, fond d'émail rouge entouré de la devise LVD M. INST. 1693. Au verso, une épée en pal traversant une couronne de laurier, sur fond rouge entourée de la légende BELLICAE VIRTVTIS PRAEMIVM. Bijou remarquable par son épaisseur et sa facture. Or 26^{m}/^{m}. *Très rare.*

9. — Variété ancien régime (époque Louis XV), les pointes sans boules, comme le numéro précédent. Or 25^{m}/^{m}. *Très belle pièce rare.*

(Les 2 pièces ci-dessus très lourdes de métal ne sont pas des réductions).

10. — Variété ancien régime (époque Louis XVI), sans boules aux pointes; le module plus grand. Or 36^{m}/^{m}. *TB. Rare.*

11. — Variété mêmes types avec ruban. Or 36$^{m/m}$. *TB. Rare.*

12. — Variété avec boules aux pointes, très beau ruban ancien à rosette. Or 28$^{m/m}$. *Très belle pièce rare.*

13. — Très belle variété, aux mêmes types de la Restauration. Or 34$^{m/m}$. *Très belle pièce* avec son diplôme et très beau ruban ancien à rosette. Ensemble intéressant et rare.

14. — Une très belle variété, mêmes types avec très beau ruban ancien à rosette. Or 35$^{m/m}$.

15. — Rosette ruban ancien avec réduction de la croix de St Louis aux mêmes types en or 16$^{m/m}$; la rosette très belle, une des branches de ia croix endommagée.

16. — Croix de St Louis portée sous Louis-Philippe, les fleurs de lis enlevées. Or 36$^{m/m}$. *TB.*

17. — Plaque de l'Ordre de St Louis. Plaque en **argent** doré à 4 branches séparées par des fleurs de lis. Au centre St Louis debout et légende : LVD. M. INST. 1693. 76$^{m/m}$ × 80$^{m/m}$. (Epoque Restauration). *Très belle et rare.*

MERITE MILITAIRE

18. **Croix du Mérite Militaire**, fondé par Louis XV, pour récompenser les OFFICIERS PROTESTANTS. Les centres seuls diffèrent de la Croix de saint Louis. Face : une épée en pal sur fond rouge entourée de la devise PRO VIRTVTE BELLICA. Revers, une couronne de laurier sur fond rouge entourée de la devise LVD. XV INST. 1759. Or 36$^{m/m}$. *Très belle et extrêmement rare.*

19. — Variété, aux mêmes types. Or 28$^{m/m}$, très épaisse et très massive. Ruban. *Très belle pièce, de la plus grande rareté.*

ORDRE DE MALTE

20. **Ordre de Malte.** — Croix à 4 branches en or 21$^{m/m}$, émaillé de blanc, sans légendes ; surmontée de la couronne royale et d'un trophée guerrier. Très belle pièce ancien Régime. *Rare.*

21. — Variété très rare, la croix de Malte en un ovale perlé en or, 11$^{m/m}$ × 22$^{m/m}$ surmonté d'un fleuron. Or. *Belle pièce.*

ORDRE DES DEUX EPEES

22. **Ordre des deux Epées.** — Médaillon de vétérance. Cercle ovale en bronze ciselé $68^{m/m} \times 54^{m/m}$ portant au centre les 2 épées croisées, sur fond de drap rouge. Type de l'Ancien Régime, que l'on portait cousu au côté gauche de l'habit. *TB. Très rare.*

23. — Médaillon de vétérance aux 2 épées croisées en un cercle ovale sur fond de drap rouge. Variété que l'on portait suspendue à la boutonnière de l'habit. Bronze $43^{m/m} \times 34^{m/m}$. Ruban ancien. *Très belle pièce rare.*

24. — Variété $46^{m/m} \times 36^{m/m}$, sans fond de drap rouge avec le diplôme. Ensemble intéressant et très rare, au nom de Laurent Riette, dit Sans Chagrin, dragon au régiment de Lorraine, daté 1781.

CROIX DE CHAPITRE

25. **Chapitre du Bourbourg** (Diocèse de **St-Omer**). — Médaillon central. Buste de Marie-Antoinette à g. M. A. D'AUT. R. DE. FRANCE. 1782. R). La Vierge à l'Enfant debout C. N. DE. N. DAME. DE. BOURBOURG. Les 2 médaillons centraux ci-dessus sont disposés sur une croix à 4 branches émaillées de blanc, cantonnée de 4 fleurs de lis et surmontée d'une couronne perlée et fleuronnée. Très bel insigne en or. $24^{m/m}$, avec cordelière ancienne en soie rouge. *De la plus grande rareté.*

    (L'abbaye fondée en l'an 1099 fut autorisée par la Reine Marie-Antoinette en 1782 à prendre pour son chapitre le titre de chapitre de la Reine. — La Reine était Première chanoinesse et les autres chanoinesses devaient prouver que leur noblesse remontait au XIVe siècle.

26. **Chapitre d'Alix.** Diocèse de **Lyon**. — Médaillon la Vierge à l'Enfant debout. Au revers, médaillon : Saint-Denis debout. Ces 2 médaillons forment le centre d'une croix à 4 branches émaillée blanc, cantonnée de fleurs de lis et surmontée d'une couronne perlée. Très bel insigne en or $16^{m/m}$ avec magnifique ruban à rosette de l'époque. *De la plus grande rareté.*

    (Ce chapitre sous la règle de Saint-Benoît fut fondé au XIIe siècle. Pour y être admise, il fallait prouver 8 degrés de noblesse paternelle et 4 de noblesse maternelle).

27, **Chanoines. Comtes de Lyon.** — Grande croix de chapitre en vermeil. 96$^{m/m}$. Croix à 4 branches émaillées blanc ; séparées par des fleurs de lis et surmontées de couronnes perlées. Médaillon central : buste de Pie IX ; au revers PRIMA. SEDES. GALLIARVM. *Très belle pièce.*

REVOLUTION

28. **Vainqueurs de la Bastille.** — Losange en bronze doré portant au centre des fers brisés entourés de l'inscription LA LIBERTÉ CONQUISE, LE 14 JUILLET 1789, au revers, une couronne de laurier et une épée en pal entourées de la devise IGNORANT NE DATOS NE QUIQUAM SERVIAT EUSES. (Ignorent-ils que les glaives ont été donnés pour qu'il n'y ait pas d'esclaves). Beau ruban révolutionnaire. Hennin n° 34. *Très rare. FDC.*

29. — Couronne murale en cuivre doré. Au revers RÉCOMPENSE NA DÉE A M᷎ᵉˡ· BOISSIÈRE, VAINQUEUR DE 1 A BASTILLE 1790 Ruban. *Très Rare. TB.*

30. — Vainqueurs de la Bastille. — VAINQUEURS. DE. LA. BASTILLE. Cette légende autour d'une tour surmontée d'un bonnet phrygien, sur un trophée de drapeaux avec couronne murale, et entourage. Très belle décoration. Bronze ovale, 41$^{m/m}$ × 45$^{m/m}$. Ruban. *Très rare.*

31. **Aux Bonnes Citoyennes.** — La République assise tenant un niveau. LA. COMMVNE. DE. PARIS. AVX. BONNES. CITOYENNES. en légende circ. REPQUᴬᴱ FRANˢᴱ à l'exergue. R). MARIE.. POLÉE. N° 41. Ruban de l'époque. Etain à bélière. 31$^{m/m}$. *Beau et de la plus grande rareté.*

32. **Médaille des Sauveteurs du Trésor.** — Bronze doré ovale à bélière portant au recto les armes de la ville de Paris, surmontées d'un bonnet phrygien et entourées d'une couronne de chêne ; en haut MAIRIE DE PARIS, en bas Dupré f. R). Inscription. TRÉSOR DE LA VILLE SAUVÉ ET CONSERVÉ, LE 5 OCTOBRE 1789, entourée d'une couronne de chêne. Ruban révolutionnaire. — *Pièce de la plus grande rareté.* Très bien conservée. Hennin. 60.

33. — Décoration dont les quatre angles sont formés, celui d'en haut par un glaive et un sceptre ; celui de g. par une crosse et

une flèche, que sépare une branche de chêne, celui de dr. par un chapeau déployé et un rateau; celui d'en bas par une lance et une bèche. Un nœud de ruban forme la bélière, champ émaillé d'azur. VIVE. LIBRE. OV. MOVRIR. en lettres d'or. Cuivre doré uniface 36ᵐ/ᵐ avec son ruban. Trésor de numismatique. IV. 7. *Très belle pièce très rare.*

34. **Colporteurs de papiers.** — Dans une couronne de chêne. LA. LOI. ET. LE. ROI. ℞. LA. PVBLICITÉ. EST. LA SAVVE-GARDE. DV PEVPLE. BAILLY. M. un œil rayonnant; au dessous une banderolle avec le n° du colporteur. H. 86. TN. XIV. 7. Br. 59ᵐ/ᵐ. *TB. Rare.*

35. **Fédération.** — La Liberté debout près d'un autel soutenant le livre de la constitution ; à dr. la France couronnée prêtant serment à la constitution. A. PARIS. LE. 14. JVILLET. 1790. ℞. CONFEDERATION. DES. FRANÇAIS, dans une couronne de chêne. Br. doré 40ᵐ/ᵐ. Ruban. H. 140. TN. XXIII. 3. *TB.*

36. — Variété. Br. doré. 33ᵐ/ᵐ. Ruban. H 142. T.N. XXIII 7. *TB.*

37. — Un faisceau planté en terre entouré de deux serpents, à g. un coq et la Bastille ; à dr. autel fumant, le tout éclairé par un soleil rayonnant, par Brenet. ℞. ALLÉGORIE. DV. PACTE. FEDERATIF. DE. LA. NATION. ARMEE. POVR. LA. LIBERTE. ET. LA. CONSTITVTION. A. PARIS. LE 14 JVILLET. 1790. Br. doré 35ᵐ/ᵐ. H. 156. TN. XXV. 4. Ruban. Superbe exemplaire, *rare.*

38. — PACTE. FEDERATIF. Serment des soldats, par Dupré. 14 JVILLET. 1790. ℞. NOVS. JVRONS. DE. MAINTENIR... LA. CONSTITVTION. Argent ovale à bélière 28ᵐ/ᵐ × 35ᵐ/ᵐ. Ruban H. 165. TN. XXVI. 3. *Très belle pièce, très rare en ce métal.*

39. — Exemplaire Br. doré ; ruban. *FDC.*

40. — SERMENT. FEDERATIF. DES. PATRIOTES. FRANÇAIS. Serment des soldats. ℞. NOVS. JVRONS. DE. MAINTENIR... LA. CONSTITVTION, le tout dans une couronne de chêne et laurier. Br. doré. 37ᵐ/ᵐ. Ruban. H. 167. TN. XXVI. 1. *Beau.*

41. — PACTE. FEDERATIF. A. PARIS. Un écusson sur lequel sont les trois fleurs de lis, mains jointes. LA. LOI. LE. ROI. ℞. NOVS JVRONS DE MAINTENIR... LA CONSTITVTION... 1790. Br. doré ovale 22ᵐ/ᵐ × 19ᵐ/ᵐ. H. 169. *TB.*

42. — MOVRONS. POVR. LA. DEFENDRE. ET. VIVONS POVR. L'AIMER. Coupe placée sur un autel, A. LA. PATRIE. Exergue : A. ALENÇON

LE. 14 JVILLET. 1791. ℞. Dans une couronne de chêne. CONFEDERATION. DES GARDES. NATIONAVX. DV. DEPARTEMENT. DE L'ORNE. Br. doré. 34$^{m}/^{m}$. H. 211. *Très belle pièce.*

43. — VIVRE LIBRE. OV. MOVRIR. Écusson soutenu par deux faisceaux, sur lequel on lit. LA. NATION LA LOI. LE. ROI. ℞. NOVS. JVRONS. DE. MAINTENIR. LA. CONSTITVTION. 1791. Br. ovale 25$^{m}/^{m}$ × 20$^{m}/^{m}$. H. 224. TN. XXX. 9. *TB.*

44. — RESPECT. A. LA. LOI. en 3 lignes dans une couronne de chêne. ℞. Le même. (Décoration des Administrateurs de Départements, de District etc.). Argent ovale 51$^{m}/^{m}$ × 39$^{m}/^{m}$. *Très rare en ce métal;* ruban de l'époque H. 361. TN. XXXVI. 1. Variété. *Très belle pièce.*

45. — Variété en bronze doré 52$^{m}/^{m}$ × 42$^{m}/^{m}$. *Très belle.*

46. — Insigne révolutionnaire en émail et argent. — Médaillon central à l'avers et au revers. LA LOI en lettres d'or sur émail bleu. Autour rayons en un ovale ajouré. Très rare en argent 40$^{m}/^{m}$ × 48$^{m}/^{m}$. *Très beau.*

47. **Officier de Police militaire.** — Cette inscription en lettres d'or en 3 lignes sur fond d'émail bleu ; au revers REPVBLIQVE. FRANÇAISE en 2 lignes en or sur fond émail bleu ; autour rayons en bronze doré. Très bel insigne 36$^{m}/^{m}$ × 44$^{m}/^{m}$. *Très rare.*

48. **Commissaire Nationale** (*sic*). — Cette inscription en 3 lignes. lettres d'or sur fond émail bleu, au revers LA LOI en 2 lignes lettres d'or sur fond émail bleu. Autour rayons en un ovale ajouré. Br. doré 42$^{m}/^{m}$ × 50$^{m}/^{m}$. Très bel insigne avec sa magnifique écharpe révolutionnaire. *Très rare.*

49. — Cocarde révolutionnaire en soie ; *très belle.*

50. — Insigne ovale 38$^{m}/^{m}$ × 46$^{m}/^{m}$ encerclé de cuivre doré. LA. LOI. ET. LA. PAIX. en lettres d'or sur fond d'émail bleu. Ruban de l'époque. *Très belle pièce rare.*

51. — Boucle de brassard en bronze de l'époque Révolutionnaire portant en lettres ajourées l'inscription LE. PRIX. DV. PATRIOTISME. FRANCAIS 78$^{m}/^{m}$ × 84$^{m}/^{m}$; superbe ruban révolutionnaire, *ensemble très rare et très beau.*

52. — Insigne de sans culotte en forme de bonnet phrygien en bronze 23$^{m}/^{m}$ × 26$^{m}/^{m}$ avec son ruban. *TB. Rare.*

53. — REPVBLIQVE. VNE. ET. INDIVISIBLE. Soldat prêtant serment sur

la table de la Constitution. REVNION. DES. FRANÇOIS LE. 10. AOVT. 1793. Revers. Couronne et bonnet de la Liberté. NOVS. JVRONS DE. DEFENDRE. LA. CONSTITVTION. JVSQV'A. LA. MORT. Br. 38$^{m}/^{m}$ H. 528. TN. XLIV. 10. *TB.*

54. **Tribunal militaire.** — TRIBVNAL. MILITAIRE. ETABLY. A. FVERS. DE-PARTEMENT DE LA LOIRE. Deux branches de chêne formant couronne. Au milieu deux épées en sautoir, la garde relevée, traversée par une massue à laquelle est suspendue une balance. Au revers. FORCE. ET. RESPECT. A. LA. LOY. Au milieu, faisceau surmonté du bonnet de la Liberté. Pièce ovale en Bronze 42$^{m}/^{m}$ × 48$^{m}/^{m}$. TN. 51. 2. *Belle et très rare.*

55. **Service du Conseil des Anciens.** SERVICE. DV. CONSEIL. DES. AN-CIENS. Dans le champ, au milieu, le bonnet de la Liberté rayonnant. Revers. TOVT. HOMME. VTILE. EST. RESPECTABLE. Caducée ailé. Bronze doré 57^{m}^{m}. TN. LVI. 2. *Rare. TB.*

56. — SERVICE. DV. CONSEIL. DES. 500. Bonnet de la Liberté rayonnant. Revers TOVT. HOMME. VTILE. EST. RESPECTABLE. Caducée ailé. Bronze doré 57$^{m}/^{m}$. H. 682. TN. LVI. 3. *Rare. TB.*

57. **Conseil des Cinq-Cents.** — Dans le champ. CONSEIL. DES. CINQ-CENTS. Au dessus en contremarque. REP. FR., au dessous. niveau de l'Egalité. Revers. REPRESENTANT. DV. PEVPLE. Au dessus. ANTE JOS. LEMARCHANT. GOMICOVRT. Insigne argent 41^{m}^{m}. H. 681. TN. LVII. 2. *TB. Rare.*

58. **Police.** — Un coq perché sur la pointe de rocher. En bas sur une banderolle : SVRVEILLANCE. Insigne ovale en bronze doré à bélière. 61$^{m}/^{m}$ × 44$^{m}/^{m}$. TN. LVII. 6. *TB. Rare.*

59. **Huissiers du Tribunal d'Appel.** — REPVBLIQVE. FRANÇAISE. La République debout tenant une pique surmontée du bonnet phrygien. R/. ACTION. DE. LA. LOI. TRIBVNAL. D'APPEL. Bronze doré ovale. 32$^{m}/^{m}$ × 40$^{m}/^{m}$. Trésor. LXXXI. 4. Variété. *TB.*

60. **Huissiers du Tribunal de 1re Instance.** — Même avers. R/. ACTION DE. LA. LOI. TRIBVNAL. DE. PREMIÈRE. INSTANCE. Bronze doré ovale. 32$^{m}/^{m}$ × 40$^{m}/^{m}$. Trésor. LXXXI. 7 variété. *TB.*

LEGION D'HONNEUR

I EMPIRE

61. — Croix d'officier en or; type de la création de l'ordre, à la grosse tête de l'Empereur. NAPOLÉON. EMP. DES. FRANÇAIS ; sans boules aux pointes de la croix; et sans couronne. — Ruban ancien; *très belle pièce de la plus grande rareté.*

62. — Croix de chevalier, argent à la grosse tête ; même type. Ruban ancien, *très belle pièce très rare.*

63. — Croix de chevalier, argent, modèle de la création à la petite tête. Variété, avec au revers l'aigle du 3° type. Ruban, *très belle pièce très rare.*

64. — Croix de chevalier argent du 2° type du 1ᵉʳ Empire. — L'étoile est surmontée d'une petite couronne soudée; à 12 branches. — Ruban ancien. Très belle pièce. *Rarissime.* — (N° 47 de la vente Mattéi).

65. Variété très curieuse de la croix de chevalier argent, du 2° type du 1ᵉʳ Empire. — La couronne à 12 branches est mobile ; au dessus de l'étoile qui a de très fortes boules aux pointes ; et les centres très petits. Ruban ancien. *Très belle pièce très rare.*

66. — Croix d'officier en or du 3° modèle du 1ᵉʳ Empire. — L'étoile sans boules aux pointes est surmontée d'une couronne mobile à 5 branches. Très beau ruban ancien à rosette. Très belle pièce très finement ciselée. *Très rare.*

67 — Croix de chevalier en argent ; 3° modèle, aux mêmes types. *Belle. Rare.*

68. — Variété, aux mêmes types, les centre restaurés. *Très belle. Rare.*

69. — Croix de grand aigle en or du 4° modèle du 1ᵉʳ Empire. L'étoile est protégée par des boules aux pointes, et est surmontée d'une couronne mobile. Très belle pièce finement ciselée ; très rare.

70. — Croix d'Officier en or, aux mêmes types. Beau ruban ancien à rosette. *Belle Très rare.*

71. — Réduction or, 22$^{m}/_{m}$. *Rare*. Ruban. *TB*.

72. — Croix de chevalier argent aux mêmes types, plusieurs manques à l'émail de l'étoile. *Rare*.

73. — Variété, les centres modernes; ruban. *Beau*.

74. — Réduction argent 27$^{m}/_{m}$.; pièce fatiguée.

75. — Variété; les centres changés, au revers 2 drapeaux. Arg. 30$^{m}/_{m}$. *B*.

RESTAURATION

76. — Plaque de Grand Croix. Buste de Henri IV à g., en argent entouré d'une étoile à 5 branches en paillettes; cantonnée aux angles de fleurs de lis en paillettes. *Rare*. *TB*.

77. — Croix de chevalier en argent. Type de la 1ᵉ Restauration 1814. — Ce modèle rare consiste en la croix du 3ᵉ type du 1ᵉʳ Empire sans boules aux pointes, dont les centres seuls ont été remplacés par l'effigie de Henri IV à l'avers et les 3 fleurs de lis au revers. Beau ruban ancien. *Très belle pièce rare*.

78. — Croix d'officier en or. Type officiel de la Restauration. L'étoile avec boules aux pointes est surmontée de la couronne fleurdelisée; l'effigie de Henri IV au centre, avec légende HENRI IV. ROI. DE. FRANCE. ET. DE. NAVARRE. Au revers les 3 fleurs de lis. Décoration avec diplôme de Grand officier au nom du comte Dumas de Polart. Émail fatigué. 58$^{m}/_{m}$. *Belle. Rare*.

79. — Croix de Commandeur, aux mêmes types en or, très belle pièce rare avec son ruban.

80. — Croix de chevalier, en argent, aux mêmes types. Ruban ancien; très belle pièce avec son diplôme au nom du sieur Contet, né à Hauteville (Côte d'Or) Brigadier à cheval de Gendarmerie 1819. Ensemble intéressant et rare.

81. — Réduction arg. 29$^{m}/_{m}$. *TB*.

82. — Réduction arg. 26$^{m}/_{m}$. *TB*.

83. — Réduction arg. 25$^{m}/_{m}$. Ruban. Manque centre de l'avers.

84. — Réduction arg. 21$^{m}/_{m}$., ruban ancien. *TB*.

LOUIS-PHILIPPE

85. — Plaque de grand croix en argent 76$^{m}/_{m}$ à 5 branches, sépa-

rées par des trophées de drapeaux en émail tricolore. Au centre. Buste lauré de Henri IV en or, sur fond argent avec légende : HONNEVR ET PATRIE, en or. *Très belle et très rare.*

86. — Croix de Grand Officier en or. L'étoile à 5 branches, surmontée de la couronne fleuronnée ; médaillon central HENRI. IV. Sa tête et au revers, deux drapeaux. Ruban. *TB.*

87. — Croix d'Officier en or aux mêmes types. Ruban. *TB.*

88. — Réduction en or 17$^{m/m}$., manque le médaillon de l'avers. Ruban. *TB.*

89. — Croix de Chevalier en argent aux mêmes types. Ruban. *TB.*

90. — Un second exemplaire arg. *TB.*

91. — Variété arg. avec ruban. *TB.*

92. — Variété arg. avec ruban. *TB.*

93. — Variété arg. avec ruban. *TB.*

94. — Réduction arg. 17$^{m/m}$., manque le médaillon de l'avers. *TB.*

2ᵉ REPUBLIQUE

95. — Plaque de Grand Croix en argent à 5 branches séparées par des trophées de drapeaux en émail tricolore ; au centre l'effigie de Bonaparte 1ᵉʳ Consul. *Très belle et très rare.*

96. — Croix de Commandeur 1ᵉʳ modèle en or. Etoile à 5 branches, sans couronne ; au centre médaillon : BONAPARTE. PREMIER. CONSVL. 19. MAI. 1802. Son buste. Au revers 2 drapeaux surmontant la devise HONNEVR. ET. PATRIE. *Rare. TB.*

97. — Croix d'officier au même type, en or. Ruban à rosette. *TB. et rare.*

98 — Croix de chevalier, 1ᵉʳ modèle, en argent au même type. Ruban. *Rare. TB.*

99. — Variété de légende : BONAPARTE 1ᵉʳ CONSVL.. Croix de chevalier en argent. Ruban. *Rare. TB.*

100. — Croix de chevalier du 2ᵉ modèle en argent. Au revers les 2 drapeaux sont entre les mots. HONNEUR. ET. PATRIE. Ruban. *Rare. TB.*

101 — Réduction à ce dernier type. Arg. 29$^{m/m}$, fatiguée. Ruban.

LA PRÉSIDENCE

LOUIS-NAPOLEON BONAPARTE

102 — Croix de chevalier en argent. L'Etoile est surmontée d'une couronne fleuronnée, à l'avers l'effigie de Bonaparte 1er Consul, au revers l'aigle impériale. Ruban, *pièce rare* fatiguée.

SECOND EMPIRE

103 — Plaque de Grand Croix en argent. L'Aigle impériale entourée de la devise HONNEUR. ET. PATRIE formant le centre d'une étoile à 5 branches séparées par des rayons. *Très belle pièce.*

104 — Croix de commandeur en or. Au centre la tête de Napoléon 1er NAPOLÉON. EMPEREUR. DES FRANCAIS; au revers l'Aigle Impériale. L'étoile est surmontée de la couronne impériale ornée d'aigles. *Très belle pièce.*

105 — Croix d'officier en or, mêmes types avec ruban. *Très belle pièce.*

106 — Croix de chevalier en argent, mêmes types avec ruban. *Très belle pièce.*

107 — Un second exemplaire, avec ruban. *TB.*

108 — 4 réductions arg. $18^{m/m}$, $15^{m/m}$, $12^{m/m}$ et $9^{m/m}$ avec rubans. *B.* et *TB.*

3e REPUBLIQUE

109. — Croix de chevalier en argent. Au centre, tête de la République, au revers 2 drapeaux. L'étoile est surmontée d'une couronne mobile. Ruban. *TB.*

110 — Un second exemplaire, avec ruban. *TB.*

111. — Croix des Dames de la Légion d'honneur. Croix à 5 branches en argent émaillé cantonnée de rayons; surmontée d'une couronne en forme de palmes académiques. Médaillon central MAISONS. D'EDUCATION LEGION. D'HONNEUR et au revers HONNEUR ET. PATRIE. Ruban. *TB.*

112 — Médaille donnée aux membres de la Légion d'Honneur qui souscrivirent pour reconstruire le Palais de la Légion d'Honneur après l'incendie du 22 mai 1871. — Livre ouvert à l'avers et légende en 7 lignes au revers. Bronze doré et argenté 46$^{m/m}$. Ruban. *TB*.

112 *bis* **Exposition rétrospective de la Légion d'honneur.** — Buste de République à dr., par Daniel Dupuis. R'. EXPOSITION. RETROS-PECTIVE. DE. LA. LÉGION D'HONNEUR. MAI. 1911. Branches de laurier et insignes des Ordres de la Couronne de Fer, Médaille Militaire, Croix de St Louis et Légion d'Honneur (1er type de Napoléon Ier). Cartouche avec légende frappée : EXEMPLAIRE. DE COLLECTION 21-50. Bronze 68$^{m/m}$. *FDC. Très rare*.

(Cette médaille n'a été frappée qu'à 50 exemplaires).

PREMIER EMPIRE

COURONNE DE FER

113 **Ordre de la Couronne de Fer.** — Croix de Commandeur en or émaillé. L'aigle impériale sur son foudre, posée sur la couronne de fer des Rois Lombards à 10 pointes pommelées et à 10 fleurons sur le bandeau de laquelle est la devise en italien DIEU ME L'A DONNÉE, GARE A QUI LA TOUCHERA. Au milieu de la couronne un médaillon en or ajouré représentant l'effigie de Napoléon Ier couronné à dr. Beau ruban ancien. *Très belle pièce de fabrication française bien conservée et extrêmement rare.*

114 — Croix de chevalier en argent émaillé au même type. Beau ruban ancien. Très belle pièce de fabrication française bien conservée et *très rare*.

115 — Croix de chevalier en argent émaillé au même type varié : l'effigie de l'Empereur à g. Beau ruban ancien. Très belle pièce bien conservée, provenant de la collection Cottin, de Lyon. *Très rare*.

116 — Barette en or de la couronne de fer avec ruban ancien. *Très belle pièce rare*.

117 — Beau ruban aux couleurs de la Légion d'honneur et de la

couronne de fer, portant une réduction en arg. du 4ᵉ type de la
Légion et une réduction en argent doré de la Couronne de Fer.
Ensemble intéressant et rare.

118 — Croix de chevalier en argent doré de l'Ordre de remplace-
ment. L'Aigle autrichienne à double tête surmontée d'une couronne. Sur les deux faces l'aigle porte un écusson en cœur portant la lettre F à l'avers et la date 1815 au revers. Beau ruban
ancien. *Très belle pièce rare.*

119 — Réduction en argent 18ᵐ/ᵐ × 11ᵐ/ᵐ très belle, avec ruban.
Rare.

REUNION

120 **Ordre de la Réunion.** — Croix de chevalier en or émaillé 26ᵐ/ᵐ à
12 pointes pommelées posées sur un faisceau de flèches, main-
tenues par un ruban, la croix est surmontée d'une couronne
impériale à 8 branches soutenues par des aigles, sommée du
globe portant une croix. Au centre le trône semé d'abeilles soutenu par les lions hollandais et florentin, la louve de Rome au
pied et entouré de la devise: TOUT POUR L'EMPIRE, sur fond
d'émail bleu ciel. Au revers l'N sur fond rayonnant entouré de
lauriers et portant en légende sur fond d'émail bleu A JAMAIS.
Le bandeau de la couronne porte « Napoléon fondateur. » Beau
ruban ancien. *Pièce très rare* très bien conservée.

121 — Croix d'officier en or grand module 36ᵐ/ᵐ aux mêmes types.
Beau ruban ancien à rosette. Pièce *très rare*, très bien conservée.

122 — Plaque de Gd croix en argent. Au centre le trône impérial
comme ci-dessus, même devise TOUT. POUR. L'EMPIRE. Entourage de flèches sur une étoile à 12 branches. Bon exemplaire, de
la plus grande rareté.

JEROME NAPOLEON ROI DE WESTPHALIE

123 **Ordre de la Couronne de Westphalie.** — Règne de JÉROME
NAPOLÉON. Croix de 1ʳᵉ classe de l'ordre, en or émaillé représentant une aigle impériale couronnée, posée sur un foudre portant
la devise « Je les unis », au-dessous, un aigle et un lion cou-
ronnés de la même couronne, entourés du cheval de Westphalie

et du lion de Cassel, le tout posé sur une couronne à 8 fleurons sur le bandeau de laquelle est l'inscription CHARACTER UND-AN-FRICHTIGKEIT, ERRICHTET DEN XXV DÉCEMBER. MDCCCIX sur émail bleu. Au revers, sur l'aigle et le lion adossés un écusson en émail portant les lettres H. N. L'anneau est un serpent se mordant la queue. Joli ruban ancien à rosette. Pièce rarissime et remarquable par sa qualité de ciselure et son état de conservation.

JOSEPH NAPOLEON, ROI DE NAPLES ET DES DEUX-SICILES

124 **Ordre des Deux-Siciles.** — JOSEPH NAPOLÉON, Roi. Croix de Chevalier en or .18^m/m à 5 branches émaillées rouge surmontée d'un aigle couronné. Au centre le cheval de Naples en or sur fond d'argent cannelé entouré de la devise PRO RÈNOVATA PATRIA sur fond d'émail bleu ; au verso la trinacrie en or sur fond d'argent cannelé entouré de la devise JOS. NAP. SICILIARUM. REX. INST. Ruban ancien. *Très belle pièce, très rare.*

MURAT ROI DE NAPLES ET DES DEUX-SICILES

125 **Médaille d'honneur de Murat, roi de Naples.** — Décoration ronde formée d'une couronne de laurier, maintenue par un ruban, surmontée d'un nœud de ruban et de la couronne royale, en sautoir et extérieurement, 2 drapeaux émaillés aux couleurs du royaume. Au centre l'effigie de Murat entourée de l'inscription GIOACCHINO RE DI NAPOLI au verso l'inscription ONORE. E. FEDELTA sur fond d'émail blanc. Ruban ancien. Cette médaille porte le titre de RE DI NAPOLI, datant de la fin du règne de Murat, après la chute de Napoléon Ier. Décoration en or de la plus grande rareté surtout avec ce dernier titre. *TB.*

126 **Ordre des Deux-Siciles.** — Médaille en argent des milices provinciales. Au recto, l'effigie du Roi Murat entourée de l'inscription GIOACCHINO NAPOL RE DELLE DUE SICIL, au verso un trophée de drapeaux portant la couronne royale entouré de l'inscription ALLE LÉGIONI PROVINCIALI, LI 26 MARZO 1809. Ruban ancien. *Très rare. TB.*

127. — Médaille de bronze des milices provinciales aux mêmes types. Ruban ancien. *TB. Très rare.*

VIRTUTI MILITARI

128 **Croix du Virtuti Militari.** — 2ᵉ classe en argent. Au centre, émail blanc sur fond or, l'aigle blanc de Pologne. Au verso, un cavalier combattant, émail sur fond or et la date de la création de l'ordre, 1792. Sur les branches, les lettres A. S. R. P. (Cet ordre tombé en désuétude fut rétabli par Poniatowski pour récompenser ses soldats qui faisaient partie de la Grande-Armée. *Très rare*. Ruban. *TB*.

129 **Indéterminé.** — Initiales S. C. enlacées en un ovale formé de feuilles de laurier et de chêne 30ᵐ/ᵐ × 31ᵐ/ᵐ. *Très belle pièce avec beau ruban ancien, orangé bordé de rouge. Rare.*

RESTAURATION

130 **Décoration du Lys.** — Fleur de lis en or guilloché surmontée de la couronne royale fleurdelisée en or. Hauteur totale 30ᵐ/ᵐ. Superbe exemplaire avec magnifique ruban sautoir en soie blanche de l'époque avec médaillons : portrait de Louis XVIII à g. ; 2 L croisées et dessous XVIII ; écu royal de France sur 2 palmes ; main en une gloire tenant la décoration du lis. Ces 4 médaillons se répètent en gaufré brillant sur fond mat sur la longueur du ruban. Ensemble de la plus grande rareté.

131 — Décoration en argent, émaillé de blanc, au même type. Très grand module 51ᵐ/ᵐ. Ruban. *Très belle pièce. Rare.*

132 — Variété argent non émaillé 26ᵐ/ᵐ. Ruban. *TB*.

133. — Variété argent 29ᵐ/ᵐ, belle, avec la lettre d'envoi signée du comte de Bourmont. *Rare.*

134. — Variété argent 34ᵐ/ᵐ. Ruban. *TB*.

135. — Variété argent 32ᵐ/ᵐ. Ruban ancien de Lyon. *TB*. Pièce très intéressante avec son brevet signé et daté de Lyon, par le comte de Precy, *Très rare.*

136. — Variété argent 23ᵐ/ᵐ. *TB*.

137. — Variété argent 23ᵐ/ᵐ. *TB*.

138. — Variété argent 25ᵐ/ᵐ. *TB*.

139. — Variété argent 27ᵐ/ᵐ. *TB*.

140. — Variété argent 31$^{m/m}$. *TB.*

141. — Variété argent 32$^{m/m}$. *TB.*

142. -– Variété argent 32$^{m/m}$. *TB.*

143. -– Variété argent avec le buste de Louis XVIII sur la fleur de lis. Arg. 36$^{m/m}$. *TB.*

144 — Variété avec le buste. Arg. 27$^{m/m}$. *TB.*

145 — Variété avec le buste. Arg. 27$^{m/m}$. *TB.*

146. — Variété avec le buste arg. 27$^{m/m}$. *TB.*

147. — Variété avec le buste arg. 31$^{m/m}$. TB.

148. — Variété avec le buste arg.; le lis et la couronne en filigragrane. Arg. 26$^{m/m}$. *TB.*

149. — Variété, le buste à g. arg. 30$^{m/m}$. *TB.*

150. — Variété. Croix à 4 branches argent émaillé de blanc; fleurs de lis dans les angles. Au centre tête de Louis XVIII à g. au revers. Fleur de lis. Légende : GAGE. DE. PAIX. En haut la couronne fleurdelisée. Arg. 18$^{m/m}$. (diamètre de la croix). Ruban. *TB.*

151. — Variété. Tête à dr. DIEU. ET. LE. ROI. Arg. 24$^{m/m}$. *B.*

152. — Variété : centre tête de Henri IV à dr., VIVE. HENRI IV. au revers fleurs de lis. VIVE LE. ROI. Arg. 19 $^{m/m}$. *B.*

153. — Variété même type Arg. 18$^{m/m}$. *B.*

154. — Variété même type. Arg. 16$^{m/m}$. VIVE LOUIS XVIII au revers. TB.

155. — Variété même type. Arg. 20$^{m/m}$. Pas de légende autour de Henri IV et VIVE LE ROI au revers. Ruban ro.. .. *B.*

156. — Variété, émail bleu à l'avers, et légende VIVE. HENRI. IV. Arg. 19$^{m/m}$. *B.*

157. — Variété émail blanc; tête de Louis XVIII à l'avers, au revers, fleur de lis; sans légendes. Arg. 14$^{m/m}$. *B.*

158. — Variété arg. 15$^{m/m}$ Légendes LOUIS. XVIII. 1814 et VIVE. LE ROI. *B.*

159. — Variété sans légende à l'avers. arg. 13$^{m/m}$. *B.*

160. — Variété sans émail, légendes, VIVE. LE. ROI. à l'avers et au revers. arg. 15$^{m/m}$. *B.*

161. — Variété émail blanc, tête de Louis XVIII. VIVE. LE. ROI.

à l'avers, au revers tête de Henri IV. VIVE. HENRI. IV. Arg.
15 $^{m/m}$. B.

162. — Variété, à l'avers légende: VIVE. LOUIS. XVIII. Arg. 15$^{m/m}$.
TB.

163. — Variété tête de Louis XVIII à l'avers et au revers émail
bleu à l'avers, blanc au revers,. Légendes: VIVE. LE. ROI. Arg.
17 $^{m/m}$. B.

164. — Variété. Légendes :VIVE. LE. ROI. et GAGE. D'VNION. Fleur
de lis à l'avers et au revers. La croix en émail blanc. Arg.
14$^{m/m}$. TB.

165. — Variété même type. VIVE. LES. BOVRBONS à l'avers. Arg.
21$^{m/m}$. Ruban de la Nièvre. B.

166. — Variété même type. VIVE LE. ROI. à l'avers et au revers. Arg.
18$^{m/m}$. Ruban ancien pour Lyon. TB.

167. — Variété même type. Arg. 22$^{m/m}$. émail bleu. B.

168. — Variété, argent, 18$^{m/m}$. uniface à ce type, émail blanc. Ruban blanc à rosette ancien. TB.

169. — Variété arg. 18$^{m/m}$. émail bleu, uniface à ce type. B.

170. — Variété, la croix en émail blanc. Tête de Louis XVIII à
l'avers. R. VIVE. LE. ROI. sur fond émail bleu. Arg. 13$^{m/m}$. B.

171. — Variété. Fleur de lis à l'avers. R. DIEV. ET. LE. ROI. sur
fond d'émail bleu. Arg. 18$^{m/m}$. B.

172. **Fidélité.** — Croix à cinq branches simples, décernée à la Garde
Nationale Parisienne, surmontée d'une petite fleur de lys et
d'une couronne royale sommée d'une fleur de lys, au centre
l'effigie de Louis XVIII en or sur fond bruni entouré de la
devise FIDÉLITÉ, DÉVOVEMENT. Au revers une fleur de lys en
argent sur fond or bruni entourée des dates, 12 AVRIL, 3 MAI
1814, 19 MARS, 8 JVILLET 1815. Beau ruban ancien. Arg. 30$^{m/m}$.
TB.

173. — Variété, arg. 28$^{m/m}$. Ruban. TB.

174. — Variété, le buste du Roi signé Galle. Beau ruban ancien.
TB.

175. — Un second exemplaire, la couronne plus petite, avec ruban ancien. TB.

176. — Croix à 4 branches émaillées de blanc, fleurs de lis dans

les angles, au centre buste de Louis XVIII, au revers légende
12 AVRIL et 3 MAI. 1814. 19 MARS et 8 JUILLET. 1815. La croix
en argent 24$^{m/m}$. est surmontée de la couronne royale fleurdelisée en or. Très belle pièce rare avec beau ruban de l'époque
pour la **Moselle**.

177. -- Croix émaillée blanc, avec fleurs de lis aux angles. DIEV. ET.
LE. ROI. à l'avers; au revers FIDÉLITÉ. Or. 29$^{m/m}$. × 22$^{m}/^{m}$. *TB.*
Quelques manques à l'émail. *Rare.*

178. **Ordre du Lis pour les Gardes du Corps.** — Fleur de lis sur un
soleil rayonnant à l'avers et au revers; en haut la couronne
fleurdelisée. Ruban ancien de la **Hte-Garonne**. Arg. 14$^{m/m}$. *TB.*
Rare.

179. — Variété. Arg. doré 17$^{m/m}$. *TB. Rare.*

180. — Variété. Buste de Louis XVIII à g. à l'avers et légende:
VIVE. LE. ROI. Arg. doré. 16$^{mm}/$. *TB. Rare.*

181. -- Variété. 3 fleurs de lis à l'avers et légende: HONNEVR ET.
PATRIE. Ruban pour Lyon. Arg. 17$^{m/m}$. *B. Rare.*

182. — **Ordre du Brassard de Bordeaux.** Brassard en soie blanche
bordée de vert; avec écusson en forme de cœur et inscription
brodée en soie verte BORDEAVX. 12 MARS. 1814. Belle frange
d'argent. Très belle pièce de la plus grande rareté.

183. **Croix du Siège de Lyon.** — Croix à 4 branches émaillées blanc,
au centre tête de Louis XVIII à g. VN. DIEV. VN. ROI.; au
revers l'émail violet et au centre Fleur de lis et légende : SIÈGE
DE. LYON. 1793. La croix arg. 24$^{m/m}$. est cantonnée de fleurs de
lis et surmontée de la couronne royale fleurdelisée. Ruban
de l'époque *B.* et *très rare.*

184. — Variété; l'émail brun foncé et à l'avers et au revers. La
date 1793 entourée de la légende: SIÈGE. DE. LYON. Ruban de
l'époque. Arg. 19$^{m/m}$. *TB. Très rare.*

185. **Médaille de Fidélité,** dite d'Yverdon, donnée aux Cent Suisses qui avaient rejoint Louis XVIII à Gand et aux Suisses
qui lui furent fidèles. Armes fédérales. Légende : SWEIZE-
RISCHE. EIDGENOSSENSCHAFT. MDCCCXV. R). Légende TREVE.
VND. EHRE. Beau ruban. Arg. *Très belle pièce très rare.*

186. **Médaille de Navarin.** Tête casque de Pallas à dr. 1827. R).
Trois couronnes séparées par des croix éclairant de leurs rayons des croissants. Ruban ancien. Br. doré 34$^{m}/^{m}$. *TB. Rare.*

187. — Barette or, avec réductions des ordres du lis, de la Légion
d'Honneur (Restauration) et mérite militaire d'Espagne. Ensemble avec ruban. *TB. Rare.*

187 *bis.* — Un exemplaire argent. Ruban ancien. *TB. Très rare.*

188. — Chainette or, avec réduction des ordres de St Grégoire-
le-Grand ; Légion d'Honneur (Louis Philippe ?) et Léopold (?).
Les 2 dernières incomplètes.

LOUIS-PHILIPPE

189. **Croix de Juillet.** — A 3 branches émaillées blanc entourées de
feuillages émaillés vert et surmontée d'une couronne murale.
Au centre, le coq Gaulois entouré d'une cocarde tricolore portant la devise PATRIE ET LIBERTÉ ; au revers une cocarde tricolore en émail sur or portant les dates 27-28-29 JVILLET 1830 ;
au centre et en exergue, DONNÉ PAR LE ROI DES FRANÇAIS. Argent. Ruban de l'époque et diplôme au nom du citoyen Roche
né à Bordeaux. *Ensemble rare.*

190. — Variété. Croix formée de trois drapeaux tricolores émaillés
posés sur une couronne de chêne. Au centre, coq posé sur un
drapeau. Lég. circ. A. SES. DÉFENSEVRS. LA. PATRIE. RECONNAIS-
SANTE. Au revers 3 couronnes 27, 28, 29 JVILLET. 1830. La
croix est surmontée d'une couronne murale. Beau ruban ancien. *Rare. TB.*

191. — Variété. Deux faisceaux de licteurs posés sur une couronne
de chêne et surmontés du coq à dr. sur une banderole. JVILLET.
Au centre cocarde en émail tricolore avec inscription 27, 28,
29. Autour légende en or : AVX. SOVTIENS. DE. NOS. LIBERTÉS.
Argent. Ruban ancien. *Rare. TB.*

192. — Buste de Lafayette à dr. R'. Cocarde en émail tricolore et
inscription 28 et 29 JVILLET. 1830. Argent 13^{m}/^{m}. Ruban ancien
Très rare. B.

193. **Médaille de Juillet.** — Au centre, le coq sur un drapeau, entouré d'une couronne de chêne et de la devise A SES DÉFEN-
SEVRS, LA PATRIE RECONNAISSANTE. Au verso, 3 couronnes de
laurier entrelacées et portant chacune une des 3 dates 27-28-
29, en dessous JVILLET 1830, en haut PATRIE, LIBERTÉ. Sur
l'épaisseur, gravé, DONNÉ PAR LE ROI DES FRANÇAIS. Argent.
Ruban. *Rare. TB.*

194. — Variété, la décoration, surmontée d'une couronne murale; et la tranche sans inscription. Argent. Ruban. *Rare. TB.*

195. **Décoration, aux Parisiens.** — Coq perché sur la table de la Loi; au bas entre une épée et une plume. Légende circ: 27, 28, 29 JVILLET. 1830. Revers : deux couronnes et légende : AVX. PARISIENS. Beau ruban ancien Arg. grand module, *Très rare et TB.*

196. — Même pièce en bronze doré, avec son ruban .*TB. Très rare.*

197. — Variété. Légende AU PEUPLE au-dessus de 2 drapeaux en une couronne. Autour LIBERTE. GLOIRE. Au revers lég.: PARIS. LES. 27, 28 et 29 JUILLET. 1830. Argent ruban. *Rare. TB.*

198 **Médaille des blessés de 1848.** — Face, la République. Revers 22-23-24 FÉVRIER 1848, dans une couronne de chêne entourée des mots BLESSÉ POUR LA LIBERTÉ. En bas, le nom gravé du bénéficiaire. J. NOEL. Ruban. Argent. *Très rare.*

199. — Variété, la médaille surmonté d'une couronne murale; nom du titulaire. P. GILBERT. Arg. Ruban. *Très rare.*

200. — Variété, La République debout. Revers. DEFENSE. DV. DROIT. Couronne de chêne, au centre : VICTIME. DV. 2. DECEMBRE. 1851. En bas le nom gravé du bénéficiaire. J. RIGAL. Ruban. Arg. *Très rare.*

201. **Palmes académiques.** — Ruban noir à cotes portant les palmes universitaires brodées en argent. *TB. Rare.*

202. — Palmes d'Officier d'Instruction publique brodées or et violet sur ruban noir à côtes. Époque Louis-Philippe. *TB.*

MEDAILLE MILITAIRE

203. **Médaille militaire.** — Argent doré et émaillé. Profil de Louis-Napoléon entouré du nom sur émail bleu, autour une couronne de laurier; le tout surmonté de l'Aigle Impériale dorée et posée sur son foudre. Au verso VALEUR ET DISCIPLINE. Premier modèle la frappe est très plate, la queue de l'aigle empiète sur la légende l'extrémité des ailes de l'aigle adhère à la couronne de laurier. *Rare. TB.* Ruban de l'époque.

204. — Deuxième modèle de l'Empire, la frappe plus épaisse, l'Ai-

gle est plus élevé, la queue de l'aigle n'empiète pas sur la légende. Arg. Ruban de l'époque. *TB*.

205. — Un autre exemplaire. Arg. *TB*.

206. — République de 1870. Au centre, profil de Cérès entouré de
l'inscription RÉPUBLIQUE FRANÇAISE 1870. La médaille est surmontée d'un trophée d'attributs militaires portant au centre une
cuirasse. Au verso de ce trophée, la cuirasse n'existe pas.
Frappe d'un seul morceau. Médaille dite de la Commune, parce
qu'elle fut donnée à l'armée de VERSAILLES lors de la répression
des troubles de 1871, signée Barre. Rare. Arg. *TB*. Ruban de
l'époque.

207. — Réduction. 16^{m}/^{m}. Arg. *TB*.

208. — Réduction. 14^{m}/^{m}. Arg. *TB*.

209. — Modèle plus soigné que le précédent, le trophée double
face à charnière. Arg. Ruban. *TB*.

210. — Variété, le trophée uniface à charnière. Arg. Ruban. *TB*.

211. **Médaille militaire annamite.** — Médaille ronde à inscription
chinoise entourée d'une couronne de chêne et de laurier, sur-
montée d'une tête de dragon et de deux coupe-coupe.
Au verso PROTECTORAT DE L'ANNAM ET DU TONKIN. VALEUR ET DIS-
CIPLINE. Argent doré partiellement. Ruban à inscription. *TB*.
Rare.

SECOND EMPIRE

212. **Médaille de Ste-Hélène.** — Bronze, effigie de Napoléon Ier Empereur, entourée d'une couronne de laurier et surmontée d'une
couronne Impériale. Au verso, CAMPAGNES DE 1792 A 1815 A SES
COMPAGNONS DE GLOIRE SA DERNIÈRE PENSÉE STE HÉLÈNE 5 MAI
1821. Ordonnance 30^{m}/^{m}. Ruban de l'époque. *TB*.

213. — Réduction 18^{m}/^{m}. *TB*.

214. — Réduction même type doré et argenté. Br. 18^{m}/^{m}. *TB*.

215. — Réduction 13^{m}/^{m}. Br. *TB*.

216. — Réduction 11^{m}/^{m}. Br. *TB*.

217. **Société Philantropique des Débris de l'Armée Impériale.** - Tête
de Napoléon III à g. par Caqué, surmontée de l'Aigle impériale

posée sur un trophée et entourée de la légende : FAIRE. LE. BIEN. ET. BIEN. FAIRE. Ŗ. Légende : SOCIÉTÉ. PHILANTROPIQUE. DES. DEBRIS. DE. L'ARMÉE IMPERIALE. A l'Intérieur légende gravée : COLIN. MAR. DES. LOGIS. CHEF. Q^ME B^ON BIS D'ARTILL. S^ENT MA-JOR. DES. CHASSEURS. DES. ALPES. 1859. Argent doré 31^m/m. *TB. Très rare.*

218. — Un exemplaire avec son ruban, sans nom de titulaire ; mais avec le diplôme sur parchemin. Ce dernier document de la plus grande rareté. Très bel ensemble.

219. — Variété en bronze 40^m/m ; à l'avers la tête de l'Empereur remplacée par la devise : FAIRE. LE. BIEN. et au revers légende gravée : J. B. NIOT. SERGENT. MAJOR. 24° LEGER. 1813-1815. *Très belle pièce,* avec son ruban. *Très rare.*

220. **Médaille de la Baltique.** — Décernée par la Reine d'Angleterre aux troupes françaises qui ont pris part au débarquement de la Baltique en 1854-55. Profil de la Reine Victoria. Au verso, l'ANGLETERRE assise, BALTIC, 1854-1855. Argent. Ruban. *TB.*

221. — Réduction 14^m/m. Arg. *TB.*

222. **Médaille de Crimée.** — Décernée aux troupes françaises par la Reine d'Angleterre. Profil de la Reine Victoria. Au revers, la Gloire couronnant un guerrier. CRIMEA, large bélière. Ruban portant quatre agrafes BALAKLAVA, ALMA, INKERMANN. SÉBASTO-POL et l'épingle de sûreté en argent avec laquelle elle fut dis-tribuée. Cette dernière pièce de la plus grande rareté. Inscrip-tion sur la tranche au nom du titulaire. C. DEQUEN. 2° ZOUAVES. Très bel ensemble.

223. — Autre exemplaire sans l'épingle de sûreté et sans la barette BALAKLAVA. Inscription sur la tranche au nom du titulaire. BERTECHE. SERGENT. MAJOR. Z. DE. LA. G. Argent. Ruban. *TB.*

224. — Réduction avec barette SEBASTOPOL. 26^m/m. Arg. *TB.*

225. — Réduction 14^m/m arg. Ruban. *TB.*

226. — Réduction avec barette SEBASTOPOL. 11^m/m arg. Ruban. *TB.*

227. **Médaille Sarde de la Valeur militaire.** Frappe spéciale pour la guerre de Crimee, décernée aux troupes françaises. Armes de Savoie. Ŗ. Inscriptions gravées : SPEDIZIONE. D'ORIENTE. 1855-1856. DAME. LANGLOIS CANTINIÈRE 2° ZOUAVE. Arg. beau ruban. *TB. Rare.*

228. — Variété en bronze; nom du titulaire. BEN. KADOUR. Ruban. *TB. Rare.*

229. — Variété en argent; nom du titulaire AUBRY. N. CAPITAINE. LEG. ETRANG. La légende: SPEDIZIONE. D'ORIENTE. en relief. Ruban. *TB. Rare.*

230. **Médaille turque de Crimée.** — Médaille ronde en argent décernée par le Sultan de Turquie aux troupes françaises. Un faisceau de 4 drapeaux, Turc, Français, Anglais, Sarde, au-dessus d'attributs guerriers. Le drapeau Français placé immédiatement à droite du centre. Au bas, LA CRIMÉE 1855. Au revers, le chiffre du Sultan avec la date, entourés d'une couronne de laurier. Ruban Rarissime. *TB.*

231. — Décernée par le Sultan aux troupes sardes; le drapeau sarde placé immédiatement à droite du centre. Au bas, LA CRIMEA 1855. Ruban. Arg. *Très rare. TB.*

232. — Décernée par le Sultan aux troupes anglaises, le drapeau Anglais placé immédiatement à droite du centre. En bas CRIMEA 1855. Ruban. Arg. *Très rare TB.*

233. **Médaille d'Italie** 1er type. Napoléon III Empereur, sa tête nue à g. Au revers CAMPAGNE. D'ITALIE. 1859. MONTEBELLO, PALESTRO. TVRBIGO. La décoration est surmontée de la couronne Impériale. Arg. 27^{m}/^{m}. FDC. *Très rare.*

234. — Variété, au même type, tête de Napoléon III laurée à g. par Falot. Arg. 30^{m}/^{m}. FDC. Ruban. *Rare.*

235. — Variété sans la couronne Impériale. Tête laurée de Napoléon III à g. par Barre. Arg. *TB.* Ruban.

236. — Même type. Etain. *TB. Rare.* Ruban.

237 — Même type. Bronze 20^{m}/^{m}. *TB.* Ruban. *Rare.*

238 — Réduction arg. 14^{m}/^{m}.. Ruban.

239. **Médaille Sarde de la Valeur militaire.** — Donnée par Victor-Emmanuel aux troupes françaises. Au centre, les armes de Savoie, entourées de feuillage et de la devise AL VALORE MILITARE. Au verso, une couronne de laurier et l'inscription gravée GVERRE D'ITALIE. NOROY. G. BRIG. DE. GEND. 1859. Ruban. *Rare. TB.*

240. — Variété. GVERRE. D'ITALIE en relief. Arg. 12^{m}/^{m}. Ruban. *TB.*

241. — Réduction même type. 10^{m}/^{m}. *TB.*

242. **Médaille de l'indépendance Italienne.** — Victor-Emmanuel, profil à gauche, entouré du titre VITTORIO-EMANUELE II RE D'ITA-LIA. Au verso, figure allégorique appuyée sur l'écu sarde, autour GUERRE PER L'INDÉPENDENZA E L'UNITA D'ITALIA. Argent. Ruban portant une agrafe formée d'un tors de laurier traversé d'un ruban portant la date 1859. *Rare. TB.*

243. **Médaille de Chine.** — Tête laurée de Napoléon III à g. Au revers. EXPEDITION. DE. CHINE. 1860. TA-KOU. CHANG-KIA-WAN. PEKIN. Arg. Ruban. *TB.*

244. — Réduction arg. 19$^{m/m}$. *TB.*

245. **Médaille du Mexique.** — Tête laurée de Napoléon III à g. Au revers EXPEDITION. DV. MEXIQVE .1862-1863. CVMBRES. PVEBLA. MEXICO. Arg. Ruban. *TB.*

246. — Réduction arg. 11$^{m/m}$. *TB.*

247. **Médaille militaire mexicaine.** — Décernée aux troupes Françaises, par l'Empereur Maximilien. MAXIMILIANO. EMPERADOR. Sa tête nue à dr. par E. Falot. Au revers AL. MERITO. MILITAR. dans une couronne de laurier. Argent. Ruban. *Très rare. TB.*

248. — Même pièce bronze. *TB. Ruban. Rare.*

249. — Variété, sa tête nue à dr. Revers signé Navalon. G. Arg. ruban. *TB. Rare.*

250. — Variété, sa tête nue à g. par G. T. Arg. *TB. Rare.*

251. **Ordre du dragon** (Chine). — Spécialement fondé par l'Empereur de Chine en 1863, pour récompenser les Français qui réprimèrent la révolte des Taepings sous les ordres de l'Amiral Protet en 1862. Il a été décerné 100 médailles d'argent. Devise chinoise de l'ordre :DEVANT TOI. LE LION PALIT ET LE TIGRE SE TAIT. Argent avec agrafe et ruban. Rarissime. *FDC.*

252. **Médaille de Castelfidardo.** — Médaille ronde ajourée portant au centre une croix renversée. Décernée par le Pape Pie IX aux troupes françaises. Melchior argenté. Ruban ancien. *TB. Rare.*

253. **Croix de Mentana.** — Décernée par le Pape aux troupes françaises qui l'avaient aidé à repousser l'invasion garibaldienne. Croix grecque en maillechor portant au centre les armes pontificales et sur les branches PIE IX 1867. Au verso, une croix

et les mots HINC VICTORIA au-dessus d'une couronne de lau-
rieur. Ruban. *TB.*

254. — Un exemplaire en argent. *TB. Rare.*

255. **Médaille de Rome.** — Décernée par le Pape Pie IX aux trou-
pes françaises. Face, les armes de la Papauté. Revers, PIUS IX
PONT. MAX. ROMEA RESTITUTUS CATHOLICIS ARMIS CALLATIS AN.
MDCCCXLIX bronze. Beau ruban, très particulier.

3e REPUBLIQUE

256. **Insigne de la Société française de secours aux blessés des armées de terre et de mer.** — Croix à quatre branches en bronze
cannelé, portant le titre de la société. En haut 1870, en bas
1871. ℞. Lisse. Ruban brodé de la croix de Genève. *TB.*

257. — Variété. La croix portant les légendes, avers SOCIÉTÉ.
FRANÇAISE. DE. SECOVRS. En haut 1870, en bas 1871. ℞. AVX.
BLESSÉS. DES ARMÉES. DE. TERRE. ET. DE. MER. En haut 1870,
en bas 1871. Beau ruban. Bronze *TB. Rare.*

258. **Ambulances de la Presse.** - Médecins militaires relevant un
blessé sur un champ de bataille. Dessous la croix rouge. ℞.
LE. COMITÉ. DES. AMBVLANCES. DE. LA. PRESSE. FRANÇAISE...
A MONSIEVR. AMBROSINI. POVR. SES. SERVICES. DEVOVÉS. EN.
FAVEVR. DES. AMBVLANCES. PENDANT. LA. GVERRE. 1870-1871.
Médaille en or. 38 $^{m/m}$. surmontée de la croix rouge en or
émaillé. Ruban. Superbe pièce de la plus grande rareté.

259. **Sapeurs Pompiers Volontaires.** — REPVBLIQVE FRANÇAISE en
2 lignes en une couronne de chêne, autour: SAPEVRS. POM-
PIERS. VOLONTAIRES. PARIS. 1871. ℞. Le Courage et l'Huma-
nité debout. Médaillon central: MINISTERE. DE. L'INTERIEVR.
ACTES. DE. DEVOVEMENT. BVFFEREAV. CAPITAINE. Arg. 27$^{m/m}$.
Bélière feuillage. Ruban. *TB. Très rare.*

260. **Volontaires de 1870-71.** — Branche de houx, passant dans un
ruban portant la légende: QVE NVL. NE. ME. TOVCHE. Au revers.
SOCIETE. DES. VOLONTAIRES. DE 1870-1871. En légende gravée
G. QVIGNON. SERGENT. 57e BAT^{on} DE MARCHE. Décoration surmontée d'une couronne murale. Ruban. Argent. *TB.*

261. — Variété, la couronne murale dorée. Légende gravée au nom
de THERESE. FLAMINI. AMB^{GE}. DE. PERPIGNAN. Ruban Arg. *TB. Rare.*

262. — Aux défenseurs de Belfort. Lion couché à dr. par Bartholdi. AVX. DEFENSEVRS. DE. BELFORT. 1870. 1871. Beau ruban. Bronze argenté. *TB*.

263. **Croix d'aumônier de l'armée française.** — Croix religieuse unie émaillée d'un filet d'émail bleu, guillochée au bord, portant une couronne de laurier émaillée vert et surmontée d'une étoile. *T. rare. FDC*.

264. **La Commune.** — Décoration du comité central, en forme de triangle sur lequel on lit : LIBERTE. EGALITE. FRATERNITE, au revers : COMITE. CENTRAL. 18. MARS. 1871. Ces deux légendes se détachent en lettres blanches sur un fond noir. Au centre du triangle, la tête de Cérès en relief sur le côté principal et uni au revers. Argent émaillé à bélière, avec un ruban rouge ayant un filet noir au centre, agrafe argent portant la date 18. MARS. 1871. *TB. Très rare*. (Fait seulement à 25 exemplaires).

265. **Société Française de secours aux blessés militaires.** — Femme soutenant un soldat blessé. PATRIE. DEVOVEMENT. Jolie allégorie par L. Bottée. Arg. Ruban. *TB*.

266. **Association des Dames Françaises.** — Dans le centre la croix de Genève, en haut 1879. ℞. Lisse. Ruban. Arg. *TB*.

267. **Médaille du Tonkin.** — Face, la République entourée d'un laurier. Revers TONKIN-CHINE-ANNAM. 1883-1885. Au centre les noms de SONTAY BAC-NINH, FOU-TCHÈOU, FORMOSE, TUYEN-QUAN, PESCADORES. Argent, ruban. *TB*.

268. — La médaille, décernée aux MARINS et portant en plus le nom CAU-GIAI. Argent. Ruban. *TB*.

269. **Médaille de Madagascar.** — Face, République, tors de laurier ; revers, MADAGASCAR. 1883-1886, en haut une étoile rayonnante, en bas un trophée, ancre et drapeaux. Argent. Ruban. *TB*.

270. **Médaille du Dahomey.** — Face, L. République dans un tors de laurier. Revers DAHOMEY, en haut une étoile rayonnante, en bas, un trophée, ancre et drapeaux. Argent. Ruban. *TB*.

271. **Médaille du Soudan.** — Buste casqué de République à g. ℞. SOUDAN. Etoile rayonnante et trophée de drapeaux. Argent. Ruban. *TB. Rare*.

272. **Médaille de Madagascar.** — République de Roty, casquée et cuirassée ; revers, MADAGASCAR, 1895 ; au centre, un trophée. Ruban avec agrafe de laurier tenue par un ruban portant la date 1895. Argent. *TB*.

273. **Médaille de Chine.** — République de Georges Lemaire, cuirassée et coiffée d'un casque colonial lauré. R). 1900-CHINE-1901. Pagode et trophée; bélière formée de deux dragons, ruban à barette portant 1900-CHINE-1901. Argent. *TB*.

274. **Médaille coloniale.** — Face, République armée et casquée, de Georges Lemaire; au revers, mappemonde sur un trophée militaire; en bas MÉDAILLE COLONIALE large bélière de laurier. Ruban portant une barette. ILES. DE. LA. SOCIETE. Argent. *TB*.

275. **Barettes coloniales.** — Centre Africain, Mission-Saharienne, Adrar, Afrique Équatoriale Française, Afrique Occidentale Française, Algérie, Cochinchine, Comores, Congo, Côte-d'Ivoire, Côte-d'Or, Dahomey, Guinée Française, Guyane, Haut-Oubanghi, Iles de la Société, Iles Marquises, Indo-Chine, Laos et Mékong, Madagascar, Mauritanie, Nossi-Bé, Nouvelle-Calédonie, Sahara, Sénégal et Soudan, Sud-Oranais, Tchad, Tonkin, Tunisie. Les deux premières dorées, ensemble trente pièces argent montées sur un ruban. *TB*.

276. **Médaille du Maroc.** — Tête de République laurée et casquée; de Georges Lemaire; bélière formée d'un croissant et de deux branches de chêne; au revers. MAROC. Canon et drapeaux sur un rempart, ruban portant trois barettes, HAVT-GVIR. OVDJDA. CASABLANCA. Argent. *TB*.

ORDRES COLONIAUX

277. **Ordre du Dragon de l'Annam.** — Croix de Chevalier, à huit rayons taillés à têtes de diamant, surmontée d'une couronne royale et d'un dragon émaillé au naturel. Au centre, le plan du palais d'été sur fond d'émail bleu entouré d'un cercle d'or émaillé rouge. Ruban. *FDC*.

278. **Ordre royal de l'étoile d'Anjouan.** — Croix de chevalier en argent doré à huit branches rayonnantes. Au centre un croissant d'or portant une main avec inscription d'or sur fond d'émail blanc, entouré du titre de l'ordre et d'un collier de tête de diamants. Ruban. *FDC*.

279. **Ordre de l'étoile noire du Bénin.** — Croix de Chevalier à quatre branches doubles émaillées blanc et bleu, séparées de rayons et surmontée d'une couronne de laurier émaillée vert, au centre, une étoile d'argent émaillée noir. Argent, ruban. *TB*.

280. **Ordre royal du Cambodge.** — Croix d'officier, argent doré à huit rayons taillés à têtes de diamant, surmontée de la couronne royale sommée d'une croix, au centre, un ornement très fin en or sur fond d'émail bleu entouré d'un cercle d'or guilloché émaillé rouge. Ruban à rosette. *FDC.*

281. **Patagonie.** Antoine II Roi d'Araucanie et de Patagonie. Buste nu à g. ℞. JVSTITIA. ET. PAX. La Paix à cheval. Argent. *TB. Rare.*

282. **Ordre du Nicham. Tunisie.** — Croix de chevalier en argent, au centre le chiffre du Bey, en haut nœud de ruban en argent. Ruban. *TB.*

MEDAILLES DE SAUVETAGE

283. **Médaille de sauvetage.** — LVD. XVI. REX. CHRISTIANISS. Buste de Louis XVI à dr. par Duvivier. ℞. Légende en 9 lignes. DONNE. PAR. LE. ROI. A. JEAN. CLAVDE. BILON. DE. LA. VILLE. DE. NANTVA. LE 29 JANVIER. 1787. POVR. AVOIR. EN. EXPOSANT. SA. VIE. SAVVE. CELLE. DE. DEVX. JEVNES. GENS. PRETS. A. ETRE. ENGLOVTIS. SOVS. LES. GLACES. Bronze 41$^{m/m}$. *TB. Très rare.*

284. **Ministère de l'Agriculture, du Commerce et des Travaux Publics.** — Napoléon III Empereur. Tête nue à g. par Caqué. ℞. MINISTERE. DE. L'AGRICVLTVRE. DV. COMMERCE. ET. DES, TRAVAVX. PVBLICS. Couronne de fruits. AV. Dᴿ. A. F. MONTEPAGANO. RECOMPENSE. CHOLERA. 1854. Argent 51$^{m/m}$. *TB.*

285. **Ministère des Colonies.** — REPVBLIQVE FRANCAISE. Tête de Cérès à g. par Barre. ℞. Mercure et la Marine debout. MINISTÈRE. DES COLONIES. Médaillon central. Légende gravée. NGVYEN.. TRI. Arg. 33 $^{m/m}$. *TB. Rare.*

286. **Ministère du Commerce et des Travaux publics.** — Louis Philippe tête nue à g. par Gayrard. ℞. MINISTERE. DV. COMMERCE. ET. DES. TRAVAVX. PVBLICS. A. MARTIN. BARREYRE. POVR. AVOIR. SAVVE. AV. PERIL. DE. SA. VIE. VNE. JEVNE. FILLE. QVI. SE. NOYAIT. DANS. L'ALLIER. BRASSAC. PVY. DE. DOME. 6 MAI. 1831. Arg. 41$^{m/m}$. *TB. Rare.*

MINISTERE DE LA GUERRE

288. — Tête nue de Napoléon III à g. par Barre. ℞. Le Courage

et l'Humanité debout. MINISTÈRE. DE. LA. GVERRE. POVTREL CHARLES. 1854. Arg. 27 m/m. B. *Très rare.*

MINISTERE DE L'INTERIEUR

289. — Charles X tête nue à g. par Gayrard. Au revers légende gravée. MINISTERE. DE. L'INTERIEVR. A. NICOLAS. SIROT. DE. LA. COMMVNE. DE. PREGILBERT. (YONNE). POVR. AVOIR. SAVVE. EN. EXPOSANT. SES. JOVRS. HVIT. PERSONNES. PRES. DE. SE. NOYER. DECERNEE. EN. 1829. Argent à bélière 41 m/m. Ruban. *TB. Rare.*

290. — Louis Philippe 1er. Tête laurée à g. par Barre. R). Le Courage et l'Humanité debout. Légende dans un médaillon ovale. A. SIROT. JACQVES. NICOLAS. ECLVSIER. POVR. AVOIR. SAVVÉ. EN. EXPOSANT. SES. JOVRS. TROIS. PERSONNES. QVI. SE. NOYAIENT PREGILBERT. YONNE. 24 DECEMBRE. 1833. — 13 JANVIER. 1834. DÉCERNÉE. EN. 1835. Argent. 51 m/m. *TB.*

291 — Variété même type. A. QVENIN. A. LA. VERPILLIERE. ISÈRE. PRESERVE. PLVSIEVRS. PERSONNES. D'VNE MORT. IMMINENTE. DÉCERNÉE. EN. 1839. Argent 51 m m. *TB.*

292. — Louis Philippe, tête laurée à g. par Barre. R). Le Courage et l'Humanité debout. ACTIONS. DE. DEVOVEMENT. DECERNEE. A. D'EISSANTIER. CHARLES. 1840. Argent 37 m/m *TB.*

293 — Variété même type. ACTES. DE. DEVOVEMENT. RICHÉ. A. H. 1838. Arg. 26 m/m. Bélière pont. *TB.*

294. — Variété. CHAMPLON. ANTOINE. F. P. A. PARIS. 1848. Arg. 37 m/m *TB.*

295 — Louis Philippe, tête laurée à dr. par Barre. Revers. Le Courage et l'Humanité. Médaillon central. ACTIONS. DE. DEVOVE-MENT. DÉCERNÉE. A. DECHA. JEAN. M 1836. Arg. 36 m/m. *TB. Rare.*

296. — Même type. ACTES. DE. DEVOVEMENT. HERAVD. ANTOINE. 1842. Arg. 27 m/m. *TB. Rare.*

297. — Variété. Tête de Louis Philippe laurée à g. par Barre. Au revers type précédent. AMBRY. JEAN. A. TOVLOVSE. 1843. Arg. 37 m/m. *TB. Rare.*

298. — Même type. GROLIER. MARTIAL. 1845. Arg. 27 m/m. *TB.*

299. **République Française.** — Cette légende en deux lignes dans

une couronne de laurier. ℞. Le Courage et l'Humanité debout.
MINISTERE. DE. LINTERIEVR. ACTES. DE. DEVOVEMENT. HERY.
PIERRE. 1850. Arg. 27^{m}/^{m}. bélière feuillage. *TB.*

300. — Même type. DE. ST. THOMAS. LANGE. 1851. Arg. 27^{m}/^{m}. bélière pont. *TB.*

301. — Même type. GIRARD. EVGENE. J. 1852. Arg. 27^{m}/^{m}. bélière pont. *TB.*

302. **Napoléon III Empereur.** — Tête nue à g. par Barre. ℞. Le Courage et l'Humanité debout. ACTES. DE. DEVOVEMENT. DAGAVLT. JOSEPH. 1856. Argent. 27^{m}/^{m}. bélière, feuillage. *TB.*

303 — Mêmes types. D^ME ROSSIGNOL. VIRGINIE. 1859. Arg. 27^{m}/^{m}. Bélière feuillage. *TB.*

304—Mêmes types. Sans noms de titulaires. Argent 14^{m}/^{m}. *TB.*

305 — Mêmes types. LAVSSOT. JOSEPH. 1861. or. 27^{m}/^{m}. Bélière feuillage. *TB. Rare.*

306 — Même type. CHARBONNEL. ANTOINE. 1852. Arg. 27^{m}/^{m}. Bélière feuillage. *TB.*

307. — Même type. DOYON. FERDINAND. 1856. Argent. 27^{m}/^{m}. Bélière feuillage. *TB.*

308. — Même type. Sa tête laurée à g. par Barre. COLLIN. PAVL. 1862. Bélière feuillage. Argent 27^{m}/^{m}. *TB.*

309. — 2 Réductions au même type, une au nom de J. MONTAGNON 1869. L'autre sans nom. Arg. 15^{m}/^{m}. *TB.*

310. — Variété. Tête laurée à dr. par Barre. MOVLINIE. LAVRENT. 1862. Argent 27^{m}/^{m}. bélière feuillage or. (1re classe). *TB.*

311, — Même type. POISSON. GRATIEN. 1868. Arg. 27^{m}/^{m}. Bélière feuillage argent. *TB.*

312. **République Française.** — Cette légende en deux lignes dans une couronne de laurier. ℞. Type précédent. D^ME LAGARGE. LVCINE. 1872. Argent. 27^{m}/^{m}. Bélière feuillage. *TB.*

313. — Variété tête de Cérès à g. par Barre. PROTAT. CLAVDE. 1876-1878. Bélière feuillage arg. 27^{m}/^{m}. *TB.*

314. — Même type. BONNE. SIMON. 1882. or. 27^{m}/^{m}. *TB. Rare.*

314 bis. — Variété à la tête de Cérès par E. Falot. ℞. A. ROGIER. CAPITAINE. COMDT. LES. SAPEVRS-POMPIERS. DV. FRESNES. EN. VOEVRE. En légende gravée. Arg. 27^{m}/^{m}. *TB.*

3

315. — Variété la tête non signée. En légende gravée J. B. GVYON-
NET. Arg. 27$^{m/m}$. *TB*.

316. — Variété. La tête couronnée de laurier par O. Roty 1895. ℞.
ACTES. DE. DEVOVEMENT. Déesse assise. KVHN. PAVL. VICTOR.
1902. En légende gravée. Bronze 27$^{m/m}$. *TB*.

MINISTERE DE LA MARINE

317. — Louis Philippe. Tête laurée à g. par Montagny. ℞. Mer-
cure et la Marine. Médaillon central. MINISTERE. DE. LA. MARINE.
A. LEBRI.. MATELOT... SECOVRIR. DES. MARINS. EN. DANGER. DE.
PERIR. DANS. LES. FLOTS. 1842. Arg. 41$^{m/m}$ *TB*. *Rare*.

318. — République de 1848. — REPVBLIQVE. FRANÇAISE en 2 lignes.
℞. Type précédent. A. RICHARD. SERGENT... D'INF^{RIE} DE. MARI-
NE... DEVOVEMENT. DANS. VN. INCENDIE. A. LA MARTINIQVE. 1849.
Arg. 43$^{m/m}$. *TB*. *Rare*.

319 — Napoléon III, tête nue à g. par Caqué. ℞. Type précédent.
A. J^{HIM}. M^{IE}. A^{TE}. LE. LVC. HAB^{NT} DE. CARNAC. 1853. Arg.
32$^{m/m}$. *TB*. *Rare*.

320 — Même type. A. Y^{ES}. M^{IE}. PLEYBER. DE. BREST. 1855. Arg^l
32$^{m/m}$. *TB*. *Rare*.

321. — Variété. MINISTERE. DE. LA. MARINE. en légende extérieure.
A. MARTIN. PREPOSE. DES. DOVANES. 1860. Arg. 32$^{m/m}$. *TB*. *Rare*

MINISTERE DE LA MARINE ET DES COLONIES

322. — Louis Philippe, tête laurée à g. par Montagny. ℞. En légende extérieure. MINISTERE. DE. LA. MARINE. ET. DES. COLONIES.
Couronne de chêne. A. MIRE. PREPOSE. DES. DOVANES. COVRA-
GE .ET. DEVOVEMENT. P . SAVVER. DES. NAVFRAGES. 1836. Arg.
41$^{m/m}$. *TB*. *Rare*.

323 — Napoléon III tête laurée à dr. par Barre. ℞. Mercure et la
Marine debout. Médaillon central. A. L^{IS}. F^{IS}. GVIOMAR. QVART^{R}.
MAITRE. CHARPENTIER. COVRAGE. ET. DEVOVEMENT. 1867. Arg.
48$^{m/m}$. *TB*. *Rare*.

324. — Même type. A. JEAN. PVJOLS. MATELOT. DE 2e CLASSE. 1863.
Arg. 37$^{m/m}$. *TB*. *Rare*.

325. — Même type. A. AVGVSTIN. TEYE. CAPORAL. AV. BAT^{on} DE. TI-
RAILLEVRS. SENEGALAIS. DEVOVEMENT. EPIDEMIE. DE. CHOLERA.
DE. ST. LOVIS SENEGAL. 1868. Arg. 43^{m}/^{m}. *TB. Très rare.*

326. **République Française.** — Cette légende en deux lignes dans
une couronne de chêne. ℞. Type précédent. A. CHOVX. QVART^R,
MAITRE. VOILIER. 1873. Arg. 33^{m}/^{m}. *TB.*

327. — Variété. Tête de République à g. par Barre. ℞. A. DENIS.
LEFVR. MATELOT. 1877. Arg. 33^{m}/^{m}. *TB.*

328. — Même type. A. FRANÇOIS. DECANS. SERG^T. AV. DEPOT. DES.
DISCIP.^{RES} DES. COLONIES. 1878. Arg. 38^{m}/^{m}. *TB. Rare.*

MEDAILLES D'HONNEUR OFFICIELLES

MINISTERE DES COLONIES

329 — Buste de République à g. par O. Roty. ℞. Palme et cartouche. Arg. 27^{m}/^{m}. TB.

330. — Même type. ROBERT. ALFRED. ZELE. ET. DEVOVEMENT. REV-
NION. 1870-1897. Br. 27^{m}/^{m}. *TB. Rare.*

331. **Médaille pénitentiaire.** — Tête de République à g. par Roty.
℞. MINISTERE DES. COLONIES. Cartouche. HONNEVR. ET. DISCI-
PLINE. Médaille surmontée d'un faisceau doré dans une cou-
ronne. Argent 28^{m}/^{m}. *TB. Rare.*

332. — Même type bronze doré 28^{m}/^{m}, le faisceau argenté. *TB. Rare*

333. — Même type bronze 28^{m}/^{m}, le faisceau argenté. *TB. Rare.*

MINISTERE DU COMMERCE ET DE L'INDUSTRIE

334. — Tête de République à g. par Ponscarme. ℞. Caducée et enclume. HONNEVR. TRAVAIL... F. ROBERGEL. 1888. Arg. 27^{m}/^{m}.
TB.

335. — Même type. J. B. PLAIN. 1890. Br. 27^{m}/^{m}. *TB.*

336. — Tête de République à g. par Borrel. ℞. Flambeau, branche, etc.; J. SALOMON. 1891. Br. 27^{m}/^{m}. *TB.*

337. — Même type. T. J. DVVAL. 1896. Arg. 27^{m}/^{m}. *TB.*

MINISTERE DE LA GUERRE

338. — Tête de République à g. par Ponscarme. ℟. Bouclier et épée près d'une enclume. F. KELLER. 1900. HONNEVR. TRAVAIL. Or. 27^m/^m. *TB. Très rare.*

339. — Même type. A. JEAVMETON. 1897. Arg. 27^m/^m. *TB. Rare.*

340. — Même avers. ℟. Serpent et coupe. DEVOVEMENT EPIDEMIES. Or. 27^m/^m. *TB. Rare.*

341. — Même type. LEROY. 1898. Arg. 27^m/^m. *TB. Rare.*

MINISTERE DE L'INTERIEUR

342. **Assistance publique.** — La Bienfaisance, confie l'humanité souffrante à l'Assistance publique. Allégorie par O. Roty. Au revers, MINISTERE. DE. L'INTERIEVR. ASSISTANCE. PVBLIQVE. Cartouche. Or. 27^m/^m. *TB. Rare.*

343. — Même pièce argent 27^m/^m. *TB.*

344. — Même pièce. Br. doré 27^m/^m. *TB.*

345. — ADMINISTRATION. DE. L'ASSISTANCE. PVBLIQVE. A. PARIS. Cette légende en 4 lignes. ℟. JARLES. INFIRMIER. A. L'HOTEL. DIEU. COURAGEUX. DEVOUEMENT. OCTOBRE. 1892. Arg. 51^m/^m *TB.* et *Très rare.*

346. **Epidémies.** — Tête de République à g. par Ponscarme. ℟. Serpent et coupe. EPIDEMIES. Or. 27^m/^m. *TB. Rare.*

347. — Même type; nom du titulaire. PAQVOT. 1901. Br. 27^m/^m. *TB. Rare.*

348. **Octroi.** — Déesse assise à la porte de Paris par Coudray. ℟. Couronne de chêne et laurier. Arg. 30^m/^m. *TB.*

349. **Prisons.** — Joli buste de République à g. par Roty. ℟. Etoile rayonnante. ADMINISTRATION. PÉNITENTIAIRE. Arg. 27^m/^m. *TB.*

350. **Police.** — POLICE. MVNICIPALE ET RVRALE. Pallas protégeant une femme et un enfant par Coudray. ℟. Cartouche. M. LEDANOIS. ADOLPHE. Arg. 27^m/^m. *TB.*

351. — Variété de revers; sans cartouche mais avec une branche de chêne dans le champ. Arg. 27^m/^m. *TB.*

352. **Sapeurs-Pompiers.** — Buste de République à g. par Roty. ℞.
L'Histoire écrivant. SAPEURS. POMPIERS. 1900. Arg. 27^m/^{m}.
TB. *Rare.*

MARINE

353. **Marine.** — Buste de République à g. par Georges Lemaire. ℞.
Canons et ancre en sautoir. MARINE. NATIONALE. HONNEVR. DE-
VOVEMENT. Le nom du titulaire gravé. AILLAVD. LOVIS. MARIVS.
1901. Or. 27^m/^{m}. *TB. Rare.*

354. — Même type arg. doré 27^m/^{m}. Sans nom de titulaire. TB.

355. — Même type. Br. 27^m/^{m}. Sans nom de titulaire. TB.

356. — Buste de République à dr. par Marey. ℞. Ancre caducée...
MARINE. MARCHANDE. HONNEVR. AV. TRAVAIL. Le nom du titulaire gravé. JOIN. YVES. MATELOT. 1905. Arg. 27^m/^{m}. TB.

357. — Même type, sans nom de titulaire. Br. 27^m/^{m}. TB.

358. — REPVBLIQVE. FRANCAISE. Buste à g. par Marey. ℞. MINISTERE
DE. LA. MARINE. COVRAGE. ET. DEVOVEMENT. Ancre, bouée, drapeau. Bélière feuillage. Or. 27^m/^{m}. TB. *Rare.*

359. — Même type bélière anneau. Or. TB. *Rare.*

360. — Même type, bélière feuillage. Arg. TB.

361. — Même type, bélière anneau. Arg. TB.

362. — Même type, bélière anneau. Br. TB.

363. **Département de la Marine.** — DEPARTEMENT. DE. LA. MARINE. ℞.
GARDES. JVRES. Argent 27^m/^{m}. TB. *Rare.*

MINISTERE DES TRAVAUX PUBLICS

364. **Cantonniers.** — Buste de République à g. par Naudé. Au revers, pelle, pioche, niveau. Cartouche, au nom du titulaire
gravé. DALIBARD. ETIENNE. 1900. Argent. TB. *Rare.*

365. — Même type portant au ruban une agrafe argent. ALGERIE.
Cartouche au nom de DVBOIS. MARIE. 1903. Argent. TB. *Rare.*

DIRECTIONS DIVERSES

366. **Directions diverses.** — RÉPUBLIQUE FRANÇAISE. Tête à g. par Ponscarme. ℞. DIRECTION GÉN^LE . DES. CONTRIBUTIONS. INDIRECTES. HONNEVR. DÉVOVEMENT. Couronne de chêne. Arg. 28^m/m. *TB.*

367. — Même avers. ℞. DIRECTION. GÉNÉRALE. DES. DOUANES. HONNEVR. DÉVOVEMENT. Arg. 28^m/m. *TB.*

368. — Même avers. ℞. DIRECTION. DES. FORÊTS. HONNEVR. DÉVOVEMENT. Arg. 28 ^m/m. *TB.*

369. **Postes et Télégraphes.** -- REPVBLIQVE. FRANCAISE. Tête à g. par Tasset. ℞. POSTES. ET. TELEGRAPHES. DEVOIR. ET. DEVOVEMENT. Cartouche rond portant le nom du titulaire. FRANÇOIS DELAMBRE. 1894. Arg. 30^m/m. *TB.*

370. — Même type. CHARLES. LOVIS. AMAND. JOSEPH. LECLECQ. 1899. Bronze 30^m/m. *TB.*

371. — Tête de République, coiffée du bonnet Phrygien à g. par Tasset. ℞. Cartouche rectangulaire. JOSEPH. BEAVVAIS. 1904. Arg. 30^m/m. *TB. Rare.*

372. — Même type. Sans nom de titulaire. Br. *TB.*

COLONIES

373. **Colonies.** — INDO-CHINE FRANÇAISE. Caractères chinois. ℞. Le même. Etoile à 6 branches. Bronze. 54 ^m/m. (Décoration pour les Indigènes).

374. — INDO-CHINE. Tête de République à g. ℞. DOUANES. ET. RÉGIES. Couronne. HONNEVR ET. MÉRITE. Arg. 28^m/m. *TB. Rare.*

375. **Madagascar.** — Tête de République à g. par O. Roty. Au revers couronne de chêne et laurier. COLONIE. DE. MADAGASCAR. HONNEUR. MERITE. TRAVAIL. Arg. 36^m/m. *TB.*

376. — Même pièce bronze. 36^m/m. *TB.*

377. **Nouvelle-Calédonie.** — Buste de République à g. par Roty. ℞.

Case indigène. NOVVELLE. CALEDONIE. Cartouche. Or. 27$^m/^m$. *TB. Rare.*

378. — Même type argent. *TB*.

379. — Même type. Br. *TB*.

DIVERS

380. **Ouvriers Collaborateurs de l'Exposition.** — Déesse ailée emportant un travailleur. 1900. R). AVX. OVVRIERS. COLLABORATEVRS. DE. L'EXPOSITION. Cartouche. P. CHOPIN. Arg. 30$^m/^m$. par Chaplain.

381. **Société centrale de sauvetage des naufragés.** — Couronne de chêne et laurier. VIRTVS. ET. SPES. R). FEVRGARD. EMILE. PATRON DV. CANOT. DE. SAVVETAGE. DE. PORTRIEVX. SAVVETAGE. DV BRICK LE. LABORIEVX. 8 DECEMBRE. 1886. Arg. 37$^m/^m$. *TB*.

382. **Société française de sauvetage 1879.** — SAVVER. OV. PERIR. Femme debout la main sur un lion R). SOCIETE. FRANCAISE. DE. SAVVETAGE. 1879. A. M FER MALEZON. PARIS. 4 JVILLET. 1897. Argent 30$^m/^m$. *TB*.

LIVRES

383. — L'étoile de la légion d'Honneur. 1804-1904. La médaille militaire, par F. A. Rigault. Grand In-4°.

384 — Les Ordres de la Couronne de Fer et de la Couronne d'Italie. 1805-1905. par le capitaine J. L. Koechlin. Paris, 1907. Grand In-8. *Rare.*

385. — Légion d'Honneur et Décorations Françaises. Exposition Rétrospective. Musée des Arts Décoratifs. Mai, 1911. In-8° broché.

Les livres ci-dessus sont brochés et en parfait état de conservation.

385 *bis.* — Catalogue de la vente Jose Mattei. — Paris, 24 mai 1912. Ce catalogue donne la description de 333 décorations françaises et 8 planches de reproductions.

VITRINES

386. — Cadre noyer formant vitrine fond liège recouvert de velours vert. Longueur 71 cm., Largeur 44 cm.

387. — Un 2e cadre pareil.

388. — Un 3e cadre pareil.

389. — Un autre cadre noyer, semblable, mais grand. Longueur 96cm. Largeur 78cm.

Ces quatre vitrines sont en parfait état de conservation.

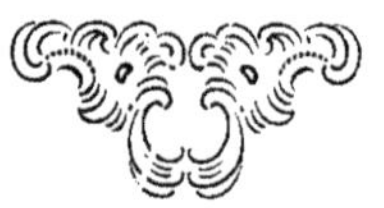

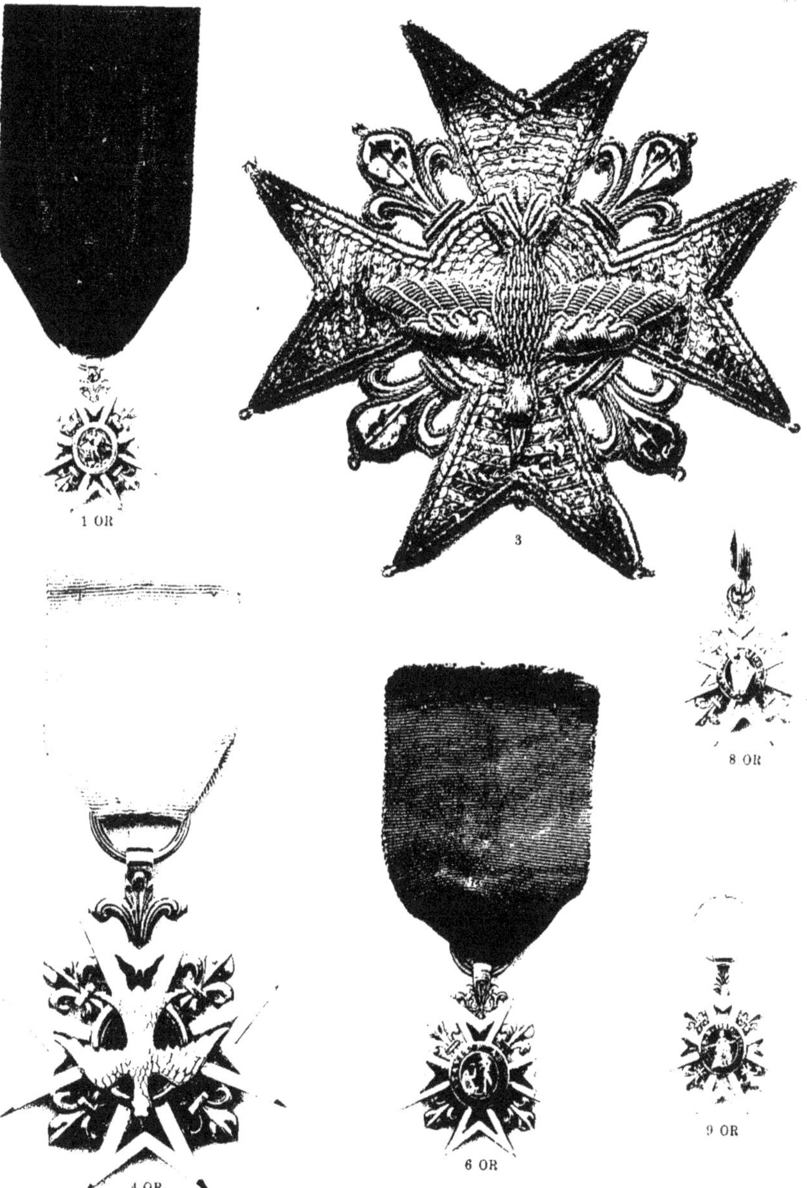
1 OR
3
8 OR
4 OR
6 OR
9 OR

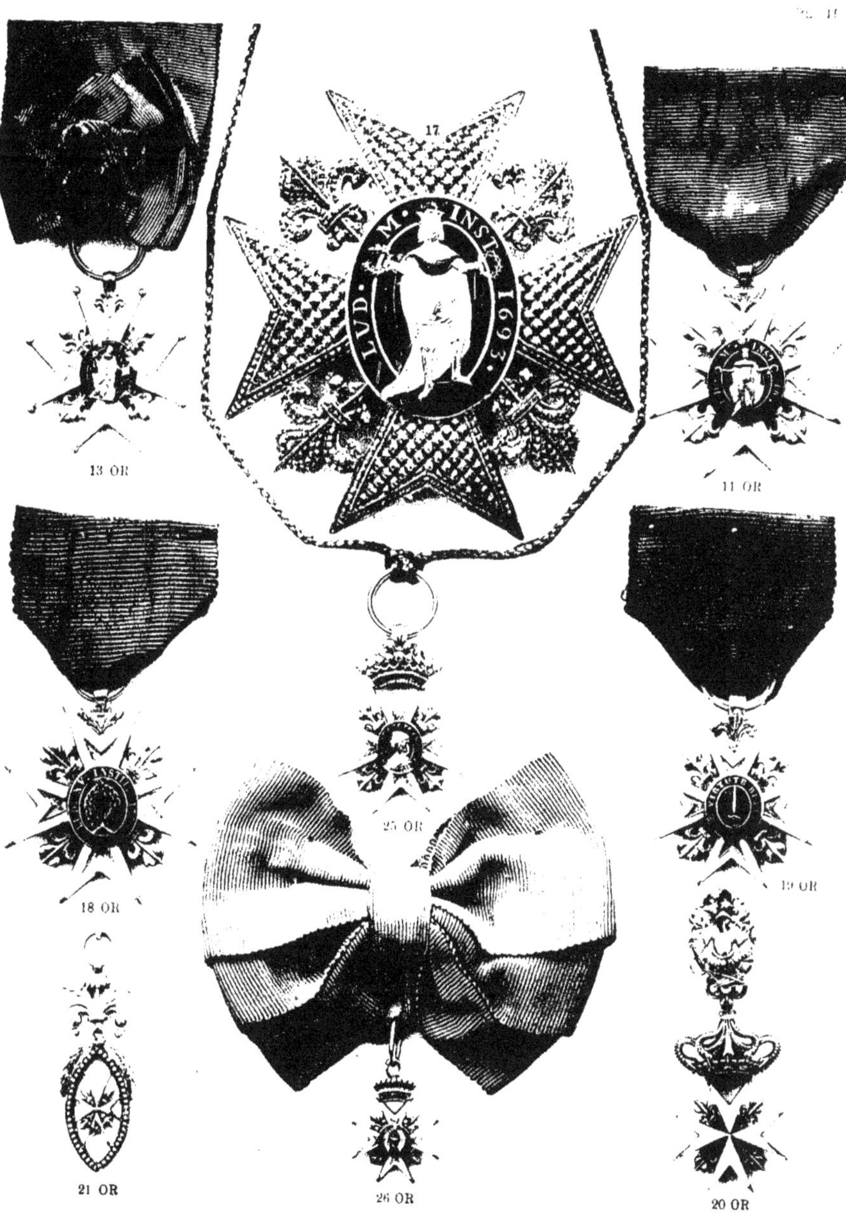

17
LVD · M · INST · 1693
13 OR
11 OR
18 OR
25 OR
19 OR
21 OR
26 OR
20 OR

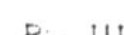

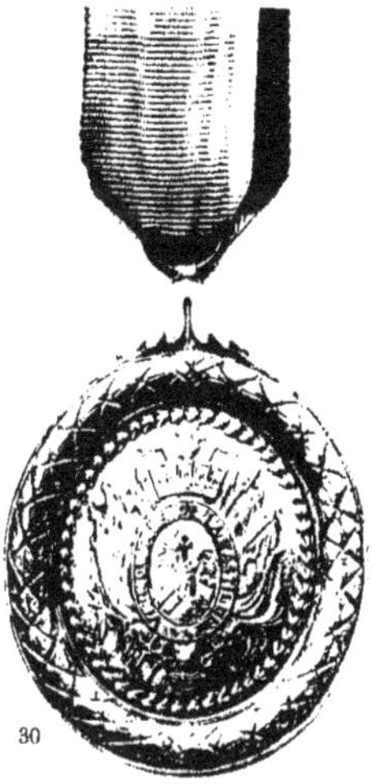

30

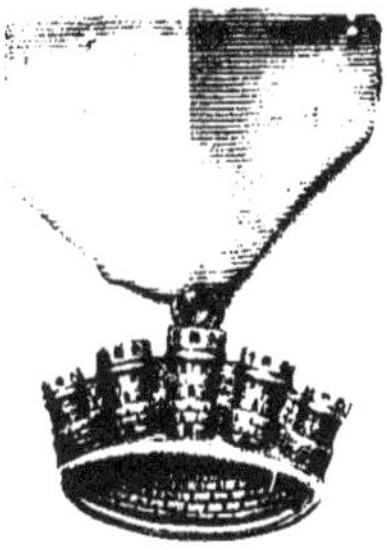

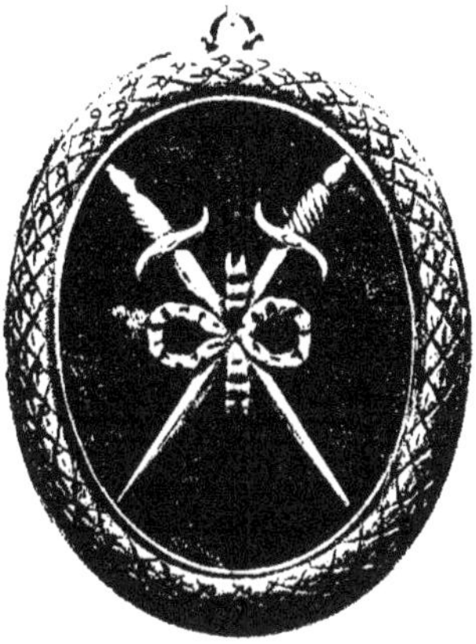

22

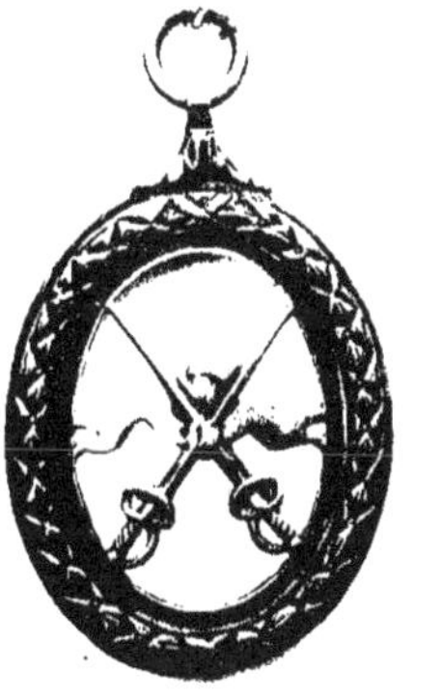

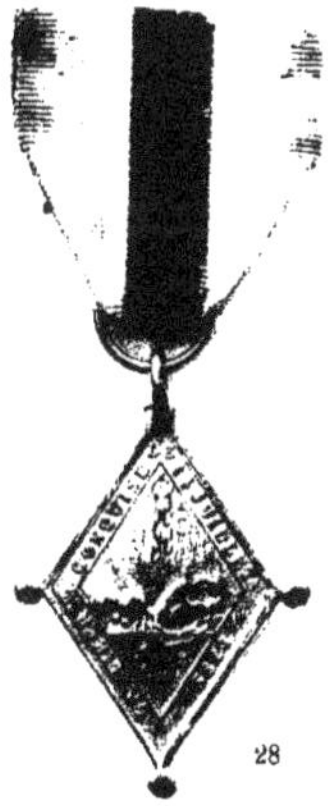

28

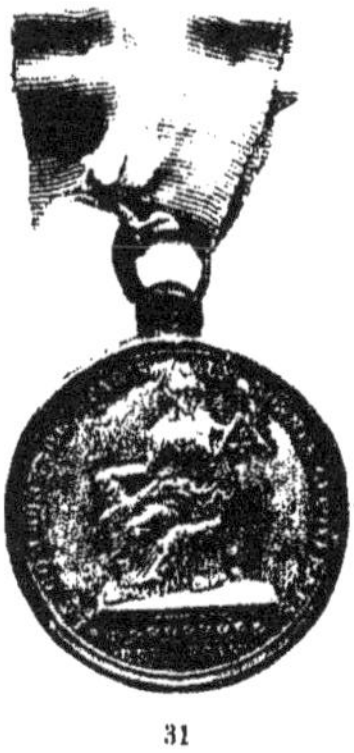

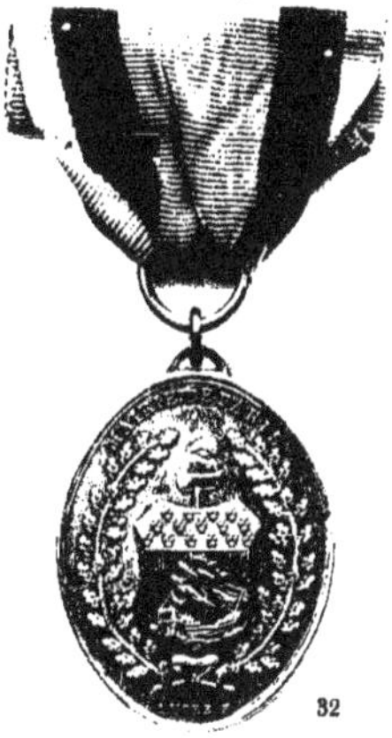

29

32

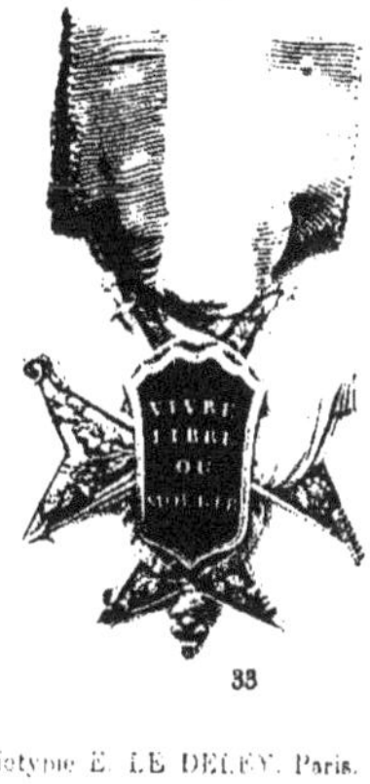

24

31

33

Imp. ... el. par Malapeaus, Paris.

Héliotypie E. LE DELEY. Paris.

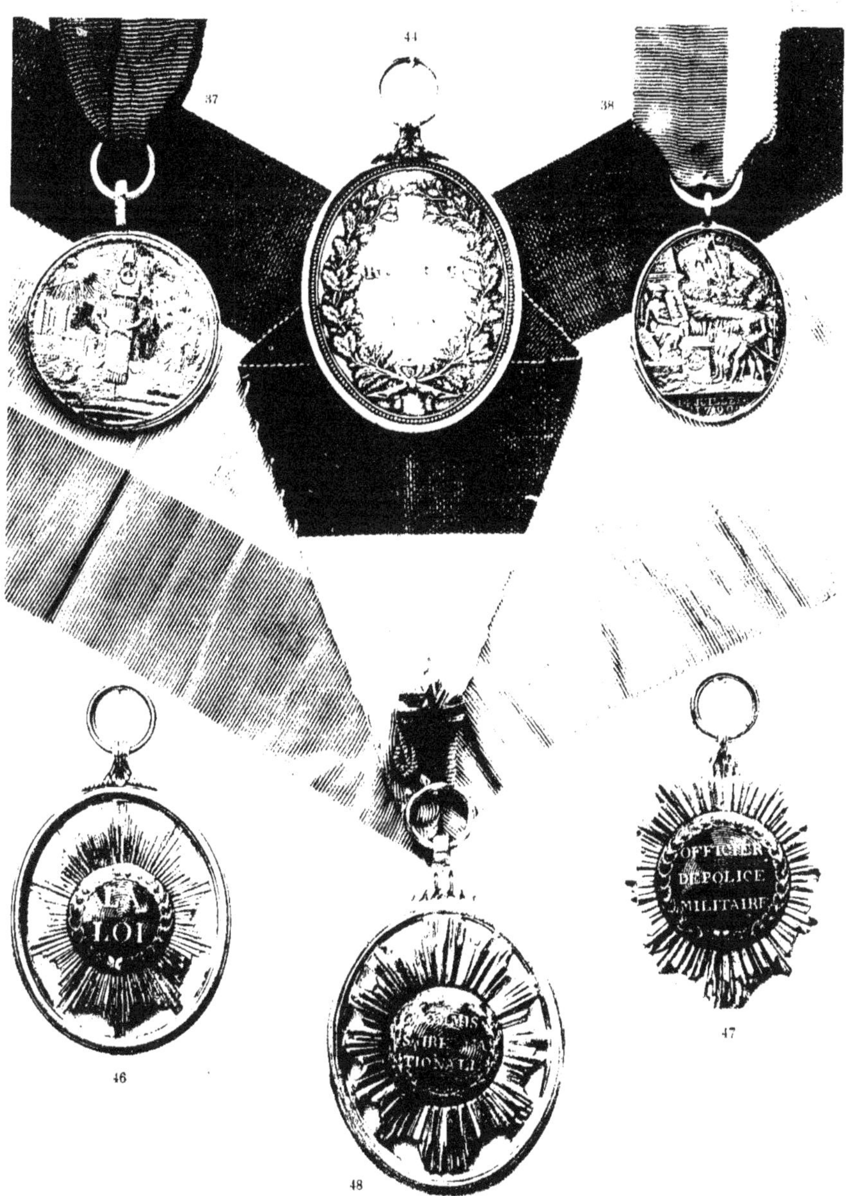

37
44
38
LA
LOI
46
OFFICIER
DE POLICE
MILITAIRE
47
48

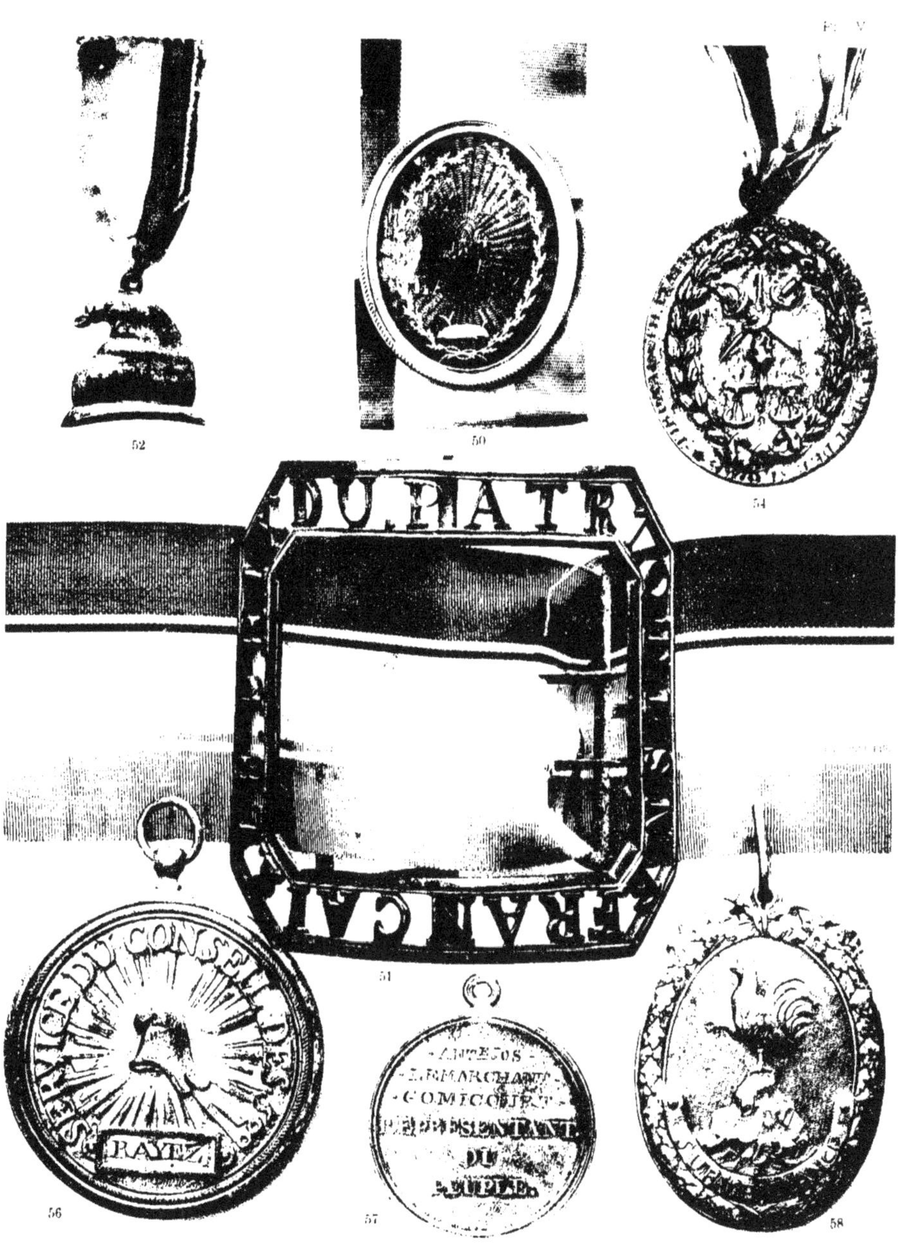

DU PATRIE FRANÇAIS
SERVICE DU CONSEIL DES
RATZ
DU
52
50
54
51
56
57
58

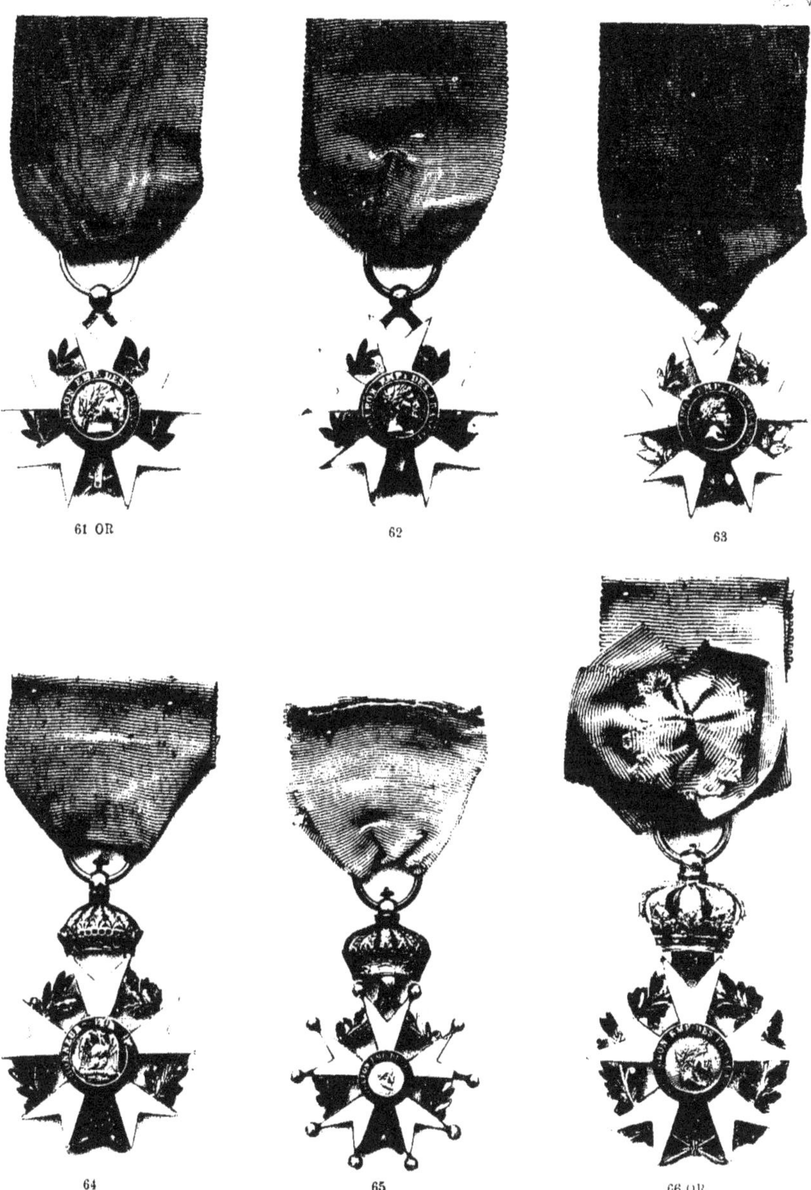

61 OR 62 63

64 65 66 OR

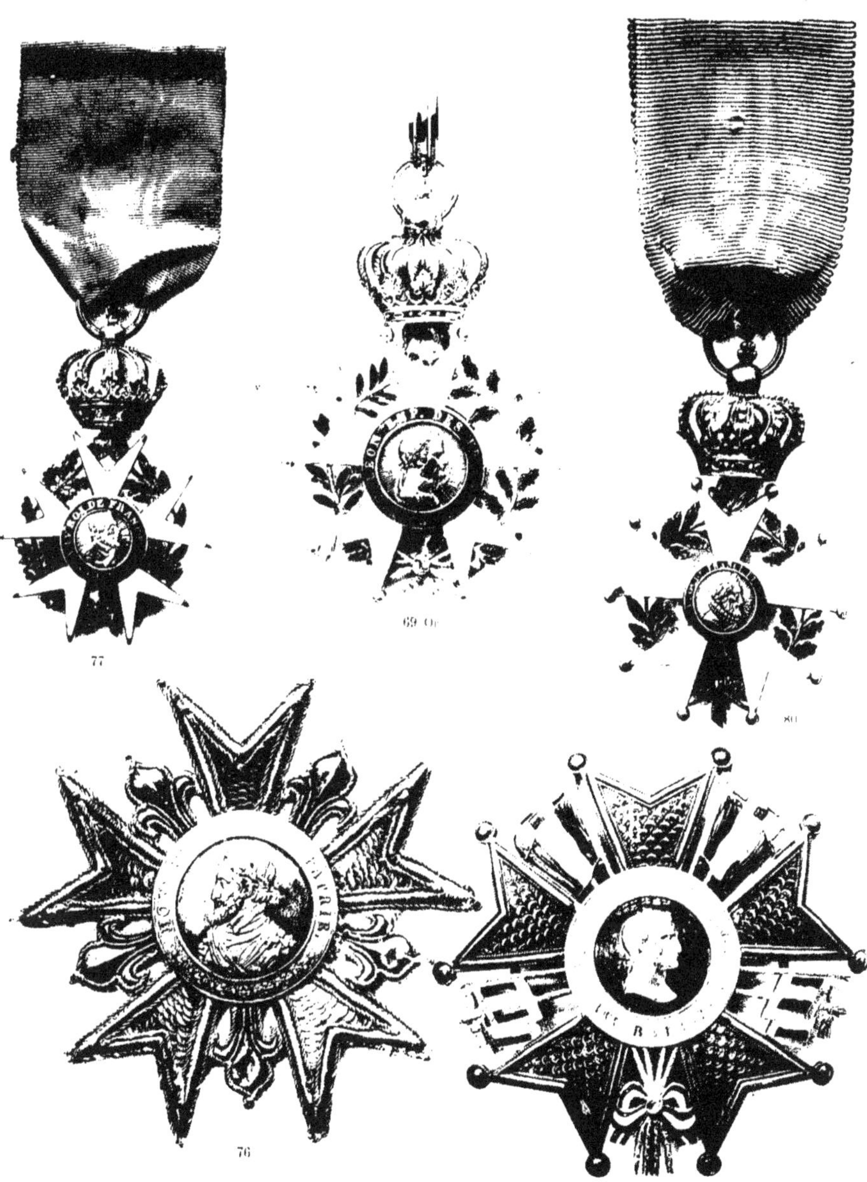

77

69 Or

XII

76

95

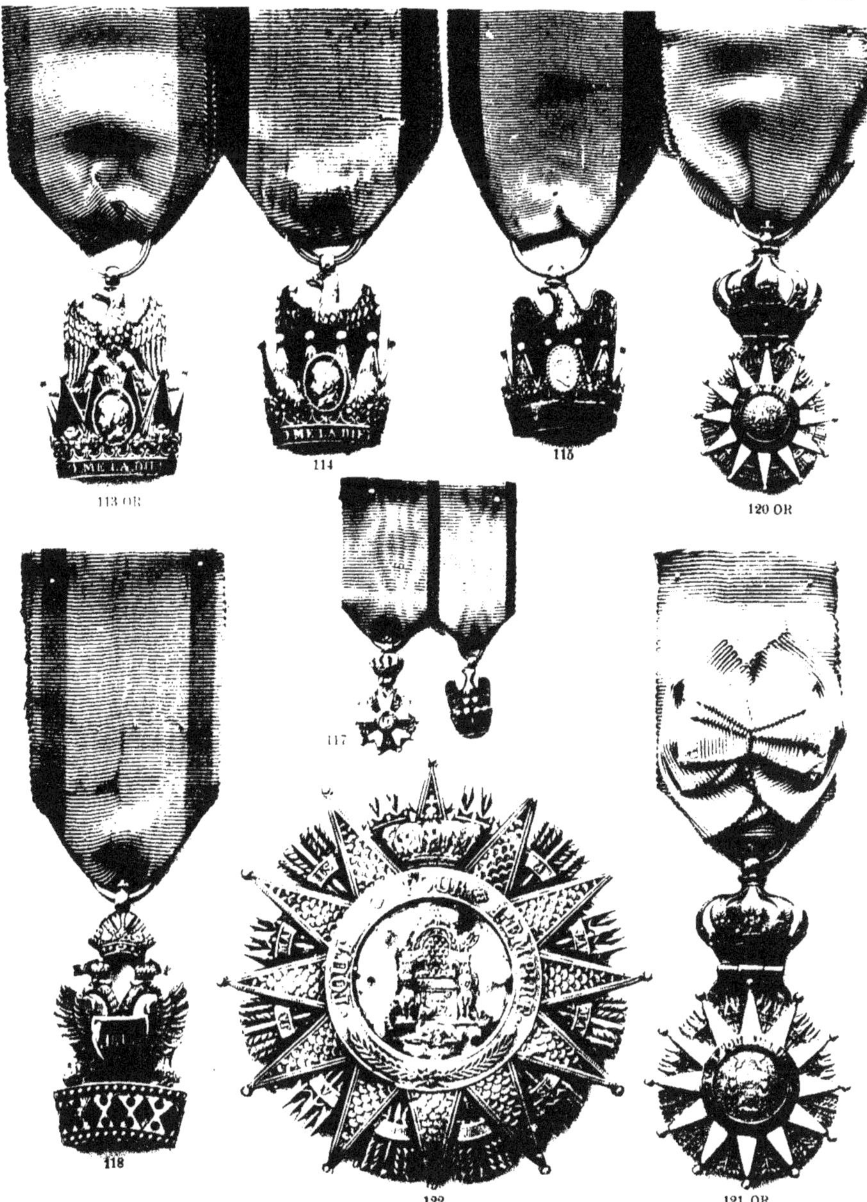

113 OR

114

115

120 OR

117

118

122

121 OR

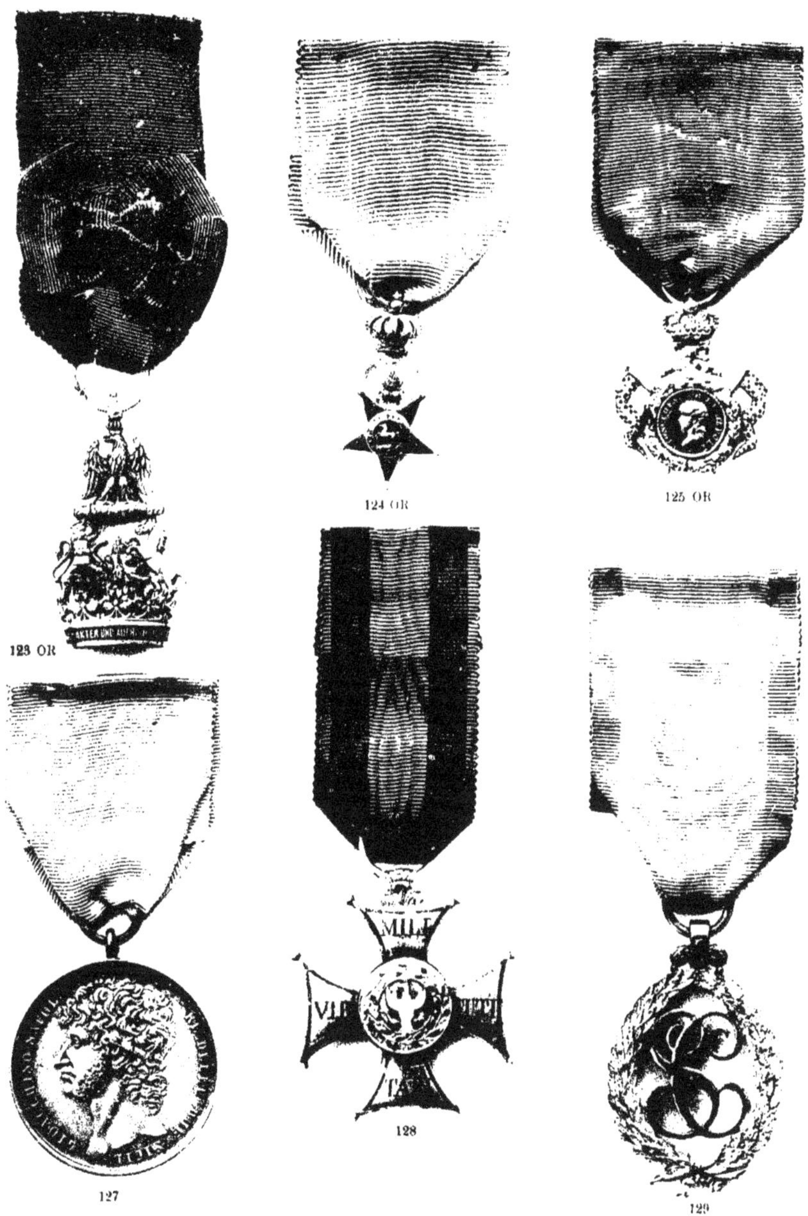

123 OR

124 OR

125 OR

127

128

129

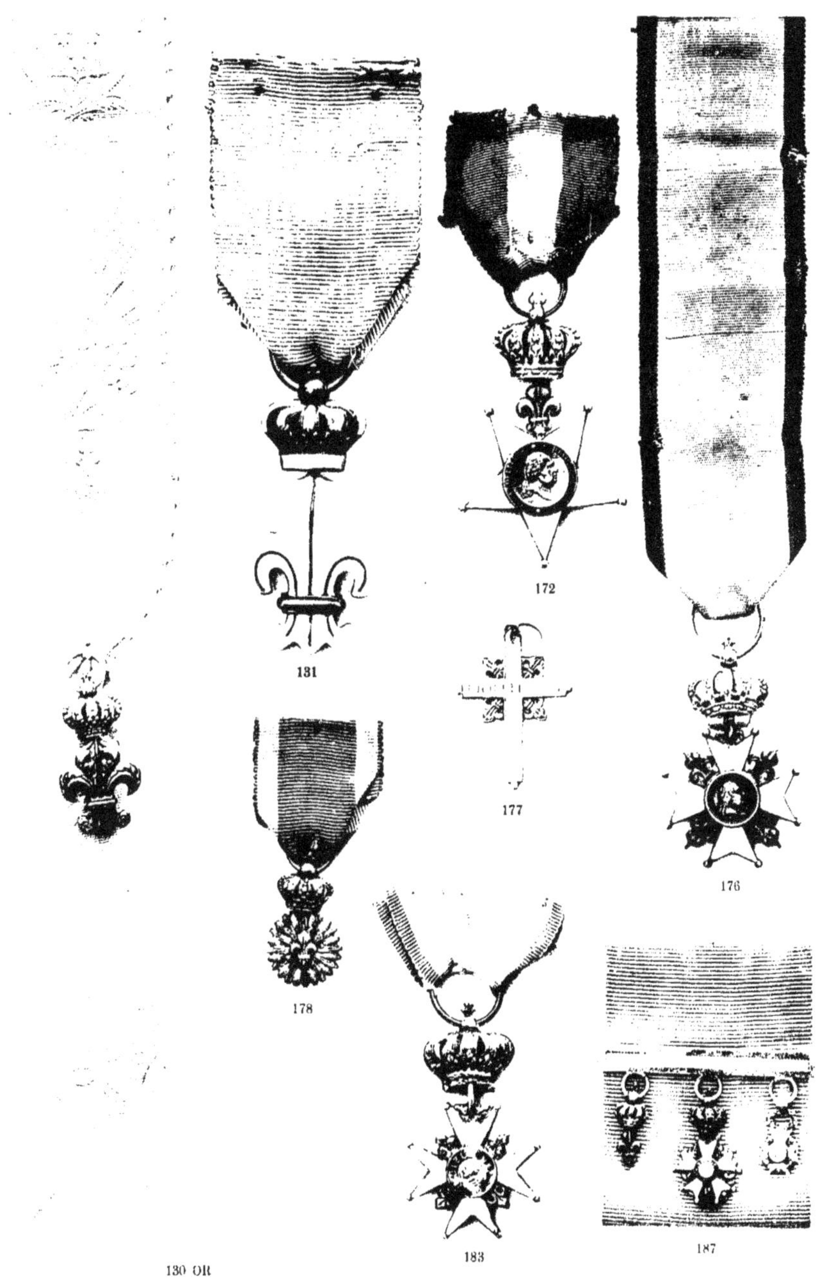

131

172

177

176

178

183

187

130 OR

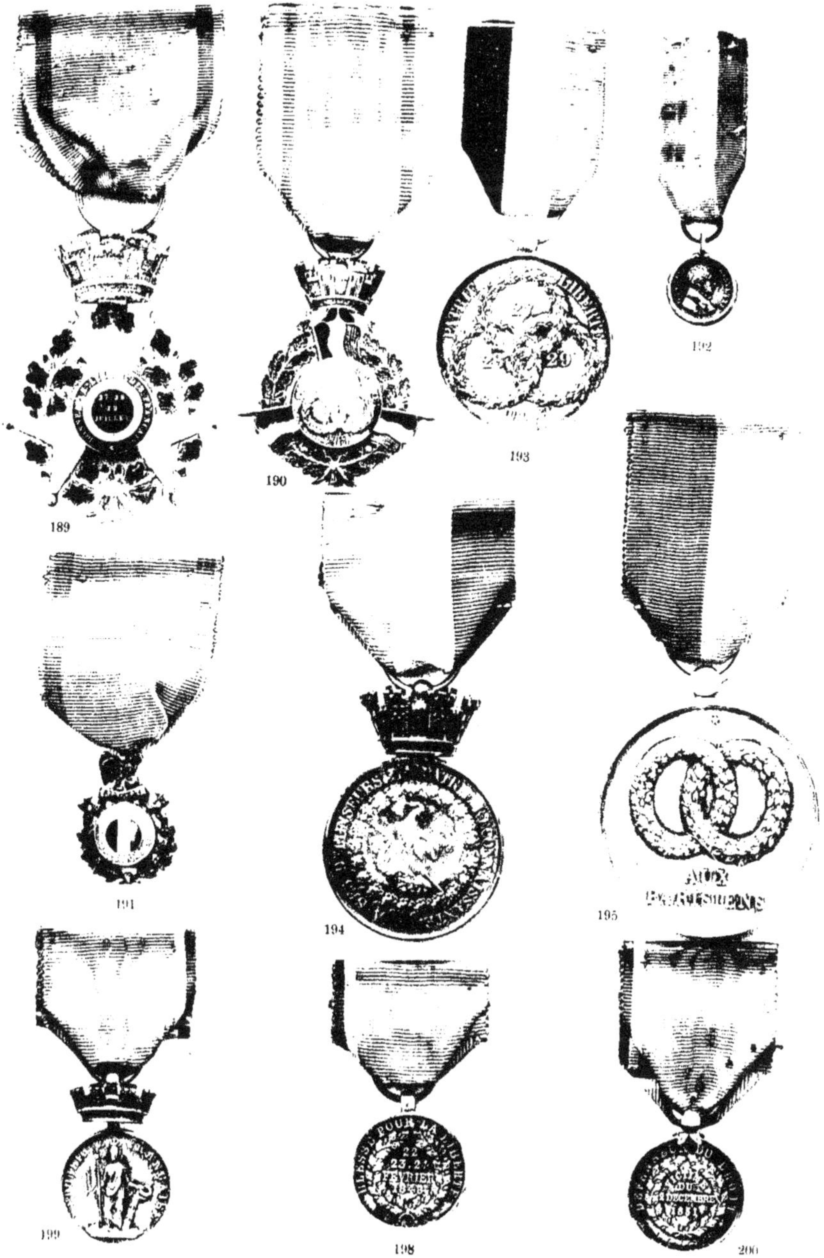

189
190
191
192
193
194
195
198
199
200

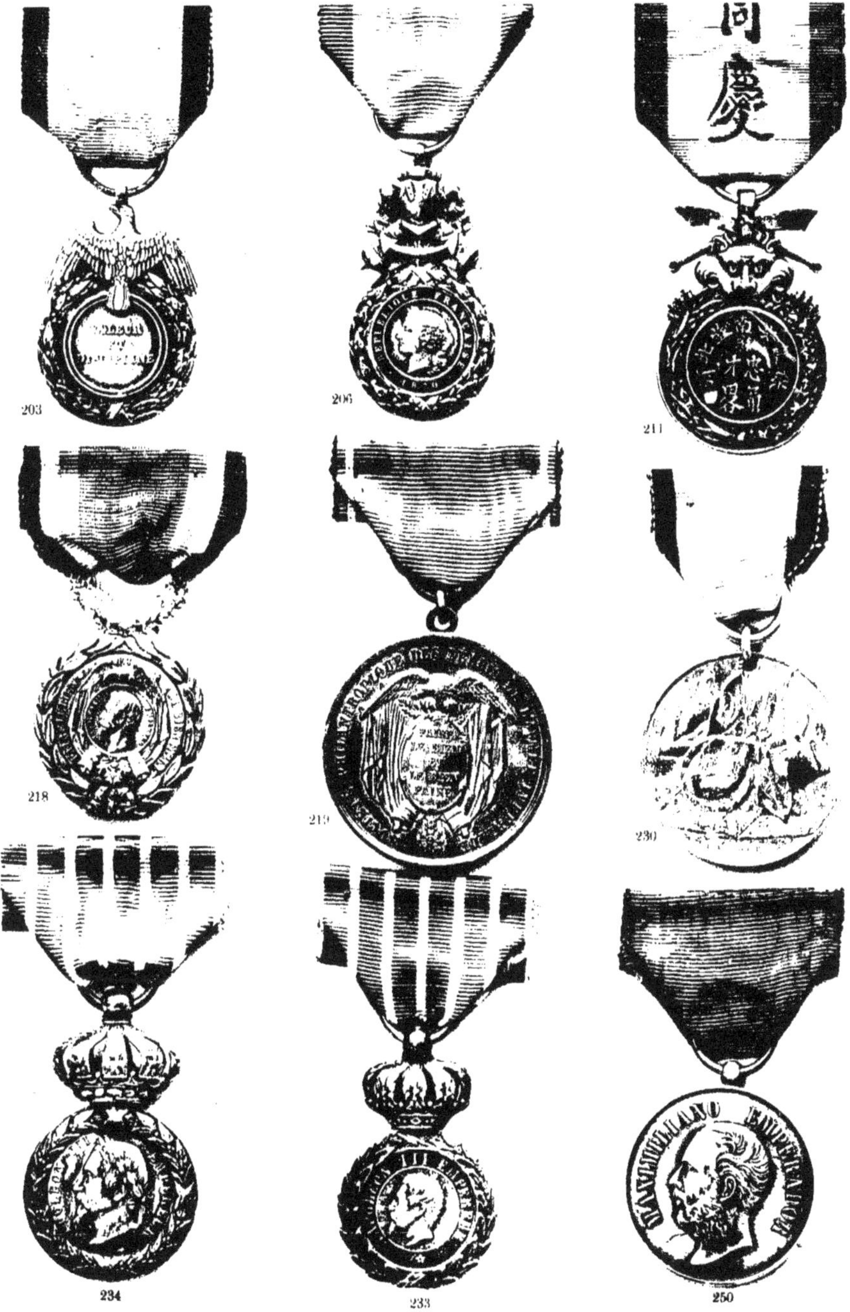

203

206

211

218

219

230

234

233

250

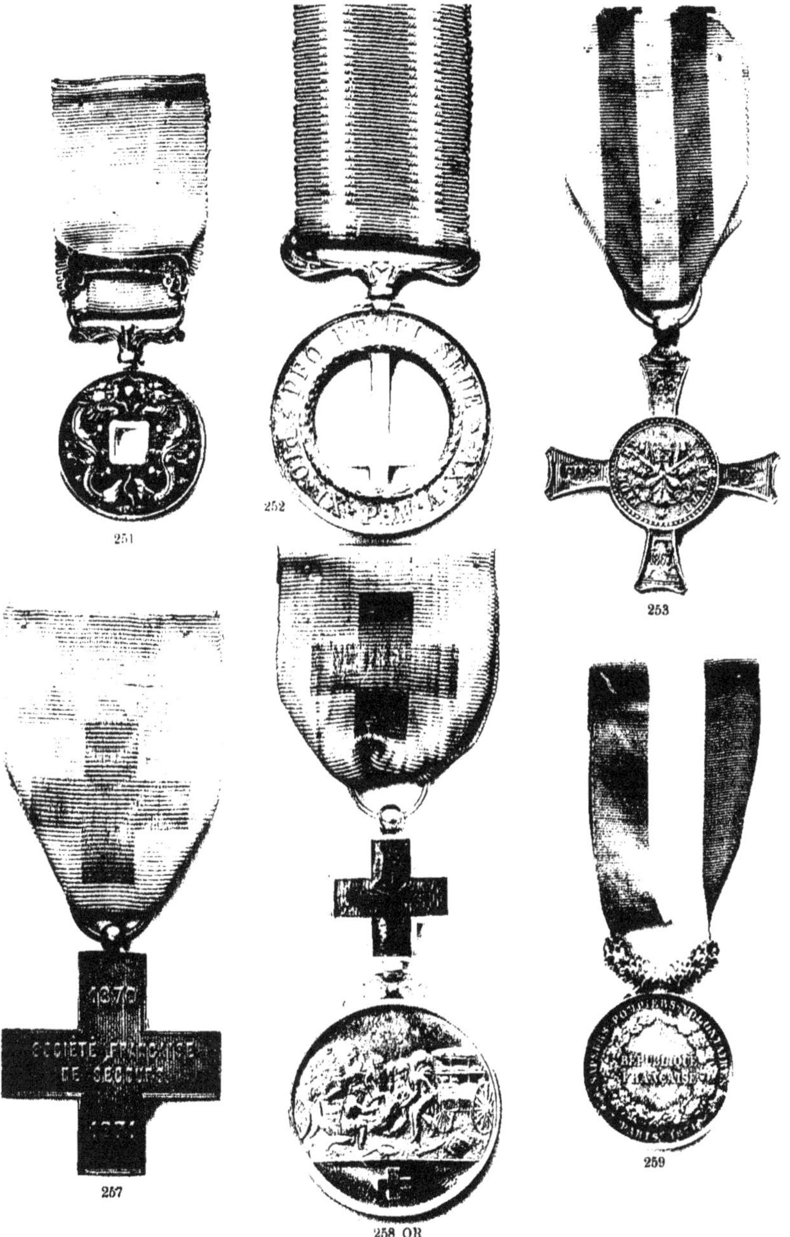

251
252
253
257
258 OR
259
1870
SOCIÉTÉ FRANÇAISE
DE SECOURS
1871
RÉPUBLIQUE FRANÇAISE

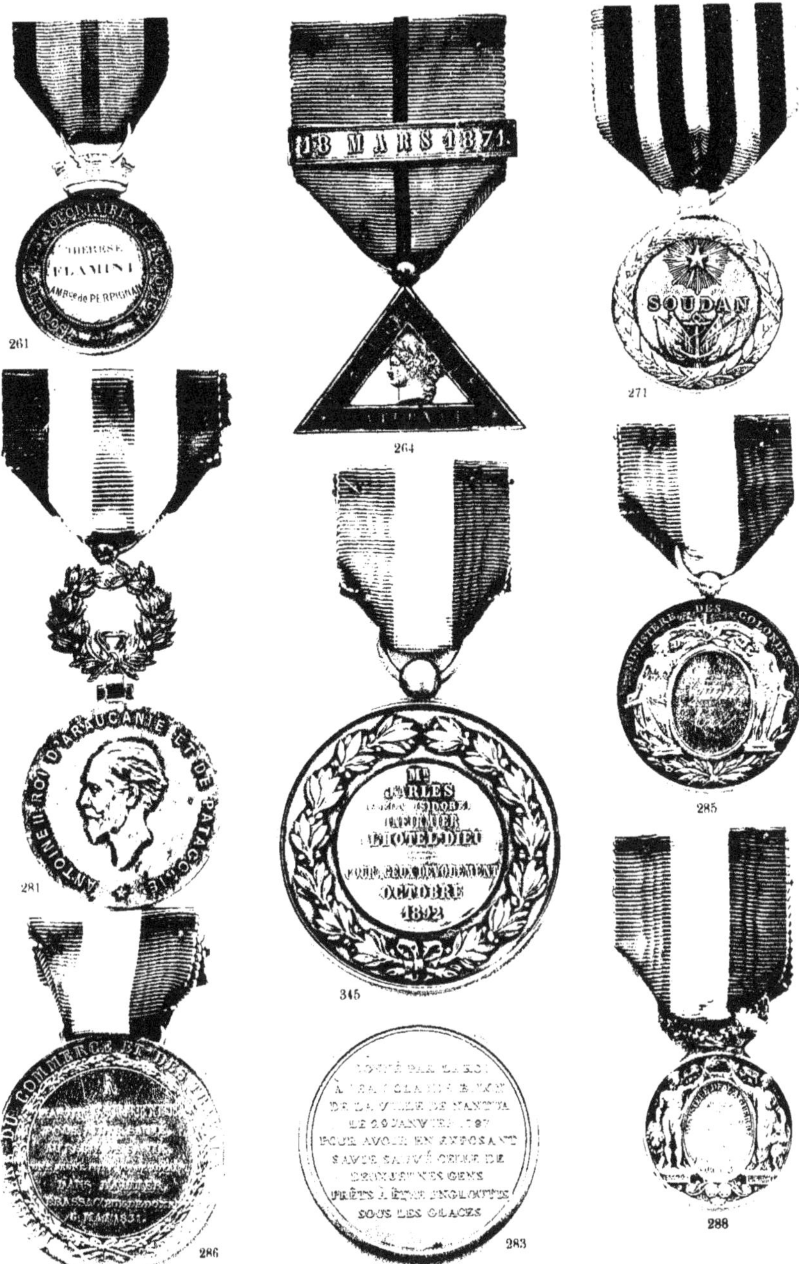

THERESE
FLAMINI
SOUDAN
18 MARS 1871
261
264
271
281
345
285
283
286
288

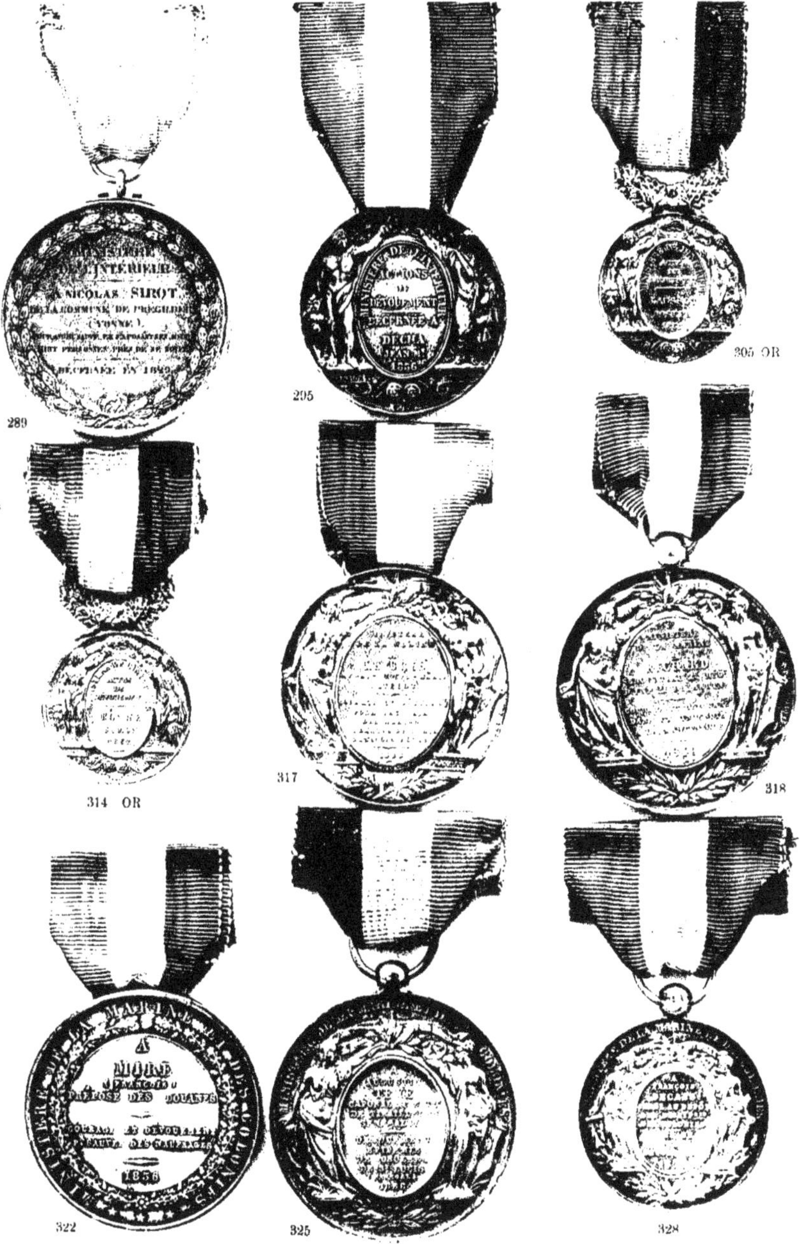
PL. XV
289
295
305 OR
314 OR
317
318
322
325
328

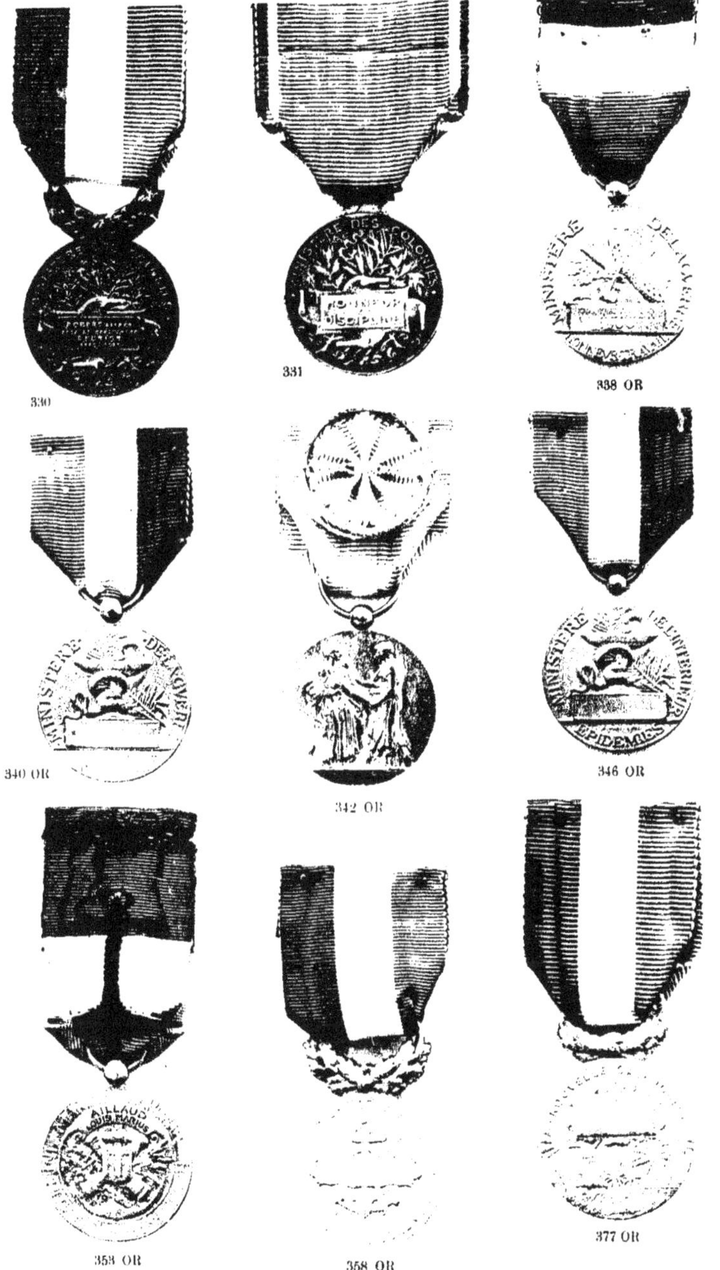

330

331

338 OR

340 OR

342 OR

346 OR

353 OR

358 OR

377 OR